HISTOIRE

D'UNE

FILLE DU MONDE

ŒUVRES D'ARSÈNE HOUSSAYE

Les Grandes Dames. — Nouvelle édition. 1 vol. in-18 (Charpentier).................. 3.50
La Vie de Molière. — 1 vol. in-fol. 50 eaux-fortes.......................... 100 »
Le Roi Voltaire. *Sa Jeunesse. Sa Cour. Ses Femmes. Ses Ministres. Son Dieu.* — 1 vol. in-8°. Portraits.................... 5 »
Histoire du 41ᵉ fauteuil de l'Académie. — 20 portraits gravés. 1 vol................. 5 »
Redolphe et Cynthia.................... 3.50
La Couronne de Bleuets. — 1 vol. in-18. Eau-forte de Théophile Gautier............. 3.50
Les Trois Duchesses. — 1 vol. in-18......... 3.50
Histoire de Léonard de Vinci. — 1 vol....... 5.50
Les Larmes de Jeanne. — 1 vol. in-18. Portrait.................................. 3.50
Le Violon de Franjolé. — 1 vol............. 3.50
La Femme fusillée. — 1 vol. in-18 (Charpentier)................................. 3.50
Poésies complètes. — 1 vol. in-18 (Charpentier)................................. 3.50
Les Destinées de l'Ame. — 1 vol. in-8°...... 5 »
Mademoiselle Cléopâtre. — 1 vol. in-18...... 3.50
Notre-Dame de Thermidor. — 1 vol. in-8°.... 5 »
Madame Lucrèce. — 1 vol. in-18 (Charpentier). 3.50

SOUS PRESSE :

Histoire des Coups d'État. — 1 vol. in-8°.
Le dix-huitième Siècle. *La Régence. Louis XV. Louis XVI. La Révolution.* — Edition nouvelle en 4 volumes de la *Bibliothèque Charpentier.* Chaque volume...................... 3.50

Imp. du Progrès. — Planteau, 7, rue du Bois, Asnières.

HISTOIRE

D'UNE

FILLE DU MONDE

PAR

ARSÈNE HOUSSAYE

PARIS

G. CHARPENTIER ET Cie, ÉDITEURS

11, RUE DE GRENELLE, 11

1889

Tous droits réservés

HISTOIRE
d'une
FILLE DU MONDE

LIVRE I

GENEVIÈVE D'ORMOY

> Il était une fois un amoureux
> et deux amoureuses.
> La Fontaine.

I

DÉSOLATIONS ET CONSOLATIONS

La nuit tombait, douce, sereine, lumineuse. Quoiqu'on fût à la veille de l'automne, un orage menaçait de passer sur le pays; mais le soleil s'était couché dans la pourpre des derniers nuages. Le ciel allait resplendir d'étoiles; sur la terre mouillée, mais chaude encore, on entendait au loin chanter les faucheurs d'avoine et les faucheurs de regain, qui s'en revenaient souper aux fermes voisines.

C'était tout près de Mantes, au château

d'Ormoy, un château Louis XIII, bâti en briques encadrées de pierres, avec des ailes en ruine, çà et là mal réparées. Le parc, autrefois grandiose, avait été morcelé à diverses époques, si bien qu'il ne renfermait plus dans ses murs qu'une vingtaine d'arpents; mais cette surface était toute couverte d'arbres centenaires avec quelques éclaircies pour les parterres et les massifs. Les murs du parc, revêtus de lierre et de ravenelles, étaient eux-mêmes en ruine; mais, grâce à la grille monumentale qui faisait face au corps de logis, grâce à la façade ancienne dont le temps accentuait le caractère, grâce à l'avenue dont les hêtres, hauts sur pied, semblaient de fiers dent-gardes, ce petit château avait grand air. On disait au dehors en parlant du châtelain, de la châtelaine et de leurs filles, deux adorables créatures : « Ces gens-là sont bien heureux ! »

Si nous écoutons la conversation de deux belles jeunes filles de la maison, deux sœurs, blondes comme des blés de maïs et non comme des blés de Normandie, nous reconnaîtrons que la question d'argent n'était pas la seule préoccupation dans le château. Le père et la mère vivaient en ennemis parce qu'ils avaient tous les deux trahi le mariage.

La plus grande des filles s'appelle Geneviève, l'autre s'appelle Martha ; elle est grande aussi et promet de grandir encore, car elle n'a que seize ans. Toutes les deux sont jolies, avec le caractère de la beauté : Geneviève plus grave, Martha plus rieuse. On est pris tout de suite à je ne sais quoi de charmant qui illumine leur figure.

Il y a des figures qui sont des lanternes sourdes, il y a des figures qui sont des coups de soleil. Geneviève et Martha étaient des figures lumineuses. Aussi le dernier hiver, pendant les trois mois qu'elles avaient passés à Paris, on les avait fort remarquées. Quoique l'une eût les yeux bleus et que l'autre eût les yeux noirs, on avait reconnu bien vite que c'étaient deux sœurs à cet air de famille qui s'accentue encore par l'habitude de vivre ensemble.

N'avez-vous pas vu souvent dans la même maison, quand c'est une maison stable, que tout le monde se ressemble ? Il n'est pas jusqu'aux bêtes qui n'aient leur air de famille. J'ai un chien écossais qui a pris tout à fait ma physionomie; j'ai pris peut-être un peu la sienne. C'est une bonne bête qui vaut mieux que moi et qui me moralise par sa bonté. Mais là n'est pas l'histoire.

Les deux sœurs se ressemblaient donc beaucoup par l'air de tête.

Mais elles ne se ressemblaient pas du tout par l'esprit, ni par le cœur, ni par les attitudes. Geneviève était nonchalante, Martha était emportée ; Geneviève était tout rêve, Martha était tout action. Elles s'aimaient à ce point qu'elles semblaient ne faire qu'une femme à elles deux. Geneviève disait à Martha : « Dans la vie, c'est toi qui joueras la comédie, c'est moi qui serai spectatrice. » Mais l'amour secoue les plus indolentes et Geneviève était destinée à l'amour. En attendant, c'était une fête pour les yeux de voir ces charmantes filles, qui semblaient vivre l'une pour l'autre. La marraine de Geneviève, une Larochefoucauld, lui avait dit à son berceau :

— Tu seras belle, ma filleule, mais c'est un malheur d'être belle.

Ce jour-là même, après le déjeuner, quiconque eût pénétré dans leur petit cabinet de toilette eût été charmé de les voir se dévouer l'une à l'autre, travaillant chacune à ce que sa sœur fût la plus belle. Geneviève voulait que Martha fût la mieux coiffée; Martha voulait que Geneviève fût la mieux habillée.

On commençait vingt fois cette œuvre adorable de se faire belle; on s'interrompait par des contes, des confidences, des éclats de rire, des jeux enfantins; on se jetait de l'eau, on se faisait des grains de beauté, on allait jusqu'à se peindre des moustaches, mais on finissait toujours par le dernier coup du maître; après quoi, on s'en allait se promener par le jardin et par le parc dans la joie ingénue d'être belle pour soi, sans s'inquiéter des rares visites de quelques gentilshommes campagnards perdus au loin, non plus que des admirations rustiques des gens du pays.

La fée *Distinction* a souri à leur berceau; on ne les verrait pas dans un château qu'on reconnaîtrait en elle des filles de race, — des filles de race sans alliage. — Aussi on voit que le sang n'a pas chez elles toute la chaleur plébéienne. Elles sont déjà marquées de la nonchalence occidentale, mais la passion n'en aura que plus de force, car il est reconnu que moins on a de sang, plus il travaille au cœur et à la tête.

Quoique Geneviève fût plus sérieuse que Martha, un moraliste qui eût bien vu son âme par ses yeux noirs eût jugé que celle-là surtout aurait ses grandes heures de passion.

Or, en cette nuit où par un violent orage il

semblait que le ciel et la terre se confondissent dans un baiser de feu, il arriva ceci : M. d'Ormoy surprit dans un massif du parc une femme tout échevelée s'arrachant des bras de M. Achille Delorme, le fils d'un fermier du voisinage. Revenant tout armé d'un dîner de chasse, il tira sur l'homme et sur la femme, ne doutant pas que ce ne fût sa femme. A cet instant, sa fille Geneviève, qui aimait d'un amour tout idéal Achille Delorme et qui avait sans trop le vouloir assisté à cette horrible scène, courut à son père dans l'affolement de sa douleur et de sa jalousie, en lui disant : « C'est moi qui suis coupable ! »

Il y a ainsi des dévouements qui sont stupides et sublimes. Un peu plus, le père tuait sa fille. Il lui jeta sa malédiction, ce qui était plus cruel.

Le lendemain ces deux nouvelles couraient dans le pays, la vente du château et la blessure à la chasse, disait-on, de M. Achille Delorme. Quelques malins ne manquèrent pas de dire que c'était à la chasse aux femmes.

Quand le château fut vendu, le nouveau propriétaire, M. Jean Delorme, un butor s'il en fût, père de M. Achille Delorme, dit au baron d'Ormoy : « Nous vous donnons vos huit jours. »

M. d'Ormoy bondit comme un cerf blessé ; il lui fallut boire cette dernière humiliation ; mais il se révolta et jura qu'il partirait à l'instant même.

Où aller ? Pouvait-il partir sans argent ?

Le notaire lui avait promis de lui faire toucher cinq mille francs sur la vente des meubles ; mais il fallait attendre huit jours.

Le baron pensa à se réfugier chez son fermier. Là, il n'était pas chez ce M. Delorme puisque le fermier avait un bail et qu'il payait son loyer.

En moins d'une heure, madame d'Ormoy fut transportée à la ferme ; les deux sœurs ramassèrent toutes les hardes. Le déménagement se fit en toute hâte.

Quand Geneviève sortit pour la dernière fois du château, elle le regarda doucement et lui dit adieu comme à un vieil ami. M. d'Ormoy dévorait ses larmes ; il chassait, pour ainsi dire, devant lui Martha qui ne pouvait s'arracher du parc.

— Papa, lui disait-elle, est-ce que je n'aurai plus le droit de revenir cueillir des fleurs ici ?

— Non, mon enfant.

— Eh bien ! je veux en emporter.

Martha, qui aimait les roses, en cultivait

toute une variété sous la fenêtre de sa chambre.

Et quoique Martha fût surchargée de robes, d'écharpes, de dentelles, de tout ce qui avait été oublié, puisqu'elle sortait la dernière, elle retourna au champ de roses et en moissonna toute une gerbe.

M. d'Ormoy revint jusqu'à elle.

— Voyons, Martha, il y a des roses partout.

— Oui, dit-elle en pleurant à son tour, mais ce ne sont pas des roses du château d'Ormoy.

. . . .

Tout le pays fut ému des malheurs de M. d'Ormoy. Un journal ne craignit pas d'arracher les voiles dans un entrefilet qui amena un duel; il y avait bien de quoi. Jugez :

« Toutes les catastrophes au château d'O... !
« M. d'O... avait accueilli un voisin de cam-
« pagne, M. Achille D..., qui était venu tout à
« propos pour tourner la tête à madame d'O...
« Déshonneur dans la ruine ! Cette femme
« romanesque s'oublia à ce point que son mari
« la surprit un soir, au retour de la chasse,
« dans un massif du parc avec cet amoureux
« d'occasion, à deux pas de ses filles qui
« jouaient au volant. Il s'était précipité sur
« lui pour le tuer, mais, ne voulant pas mon-

« trer à ses deux filles le crime de leur mère,
« il eut l'héroïsme du silence. »

. . . .

On fut bien mal logé à la ferme; le fermier et la fermière étaient de braves gens qui avaient la terreur du nouveau propriétaire; se rappelant combien les anciens avaient été doux, ils les accueillirent comme des gens de leur famille, avec tout le respect dû au malheur. D'ailleurs Geneviève avait été marraine d'une de leurs petites filles. Ce fut une joie pour les marmots de se trouver en si belle compagnie. Ce fut un honneur pour le père et la mère de donner ainsi l'hospitalité à leurs châtelains.

M. Delorme, furieux de ne pas être le protecteur de cette famille déchue, jura que les fermiers lui payeraient cher les gants qu'ils se donnaient.

Le soir même, M. d'Ormoy partit pour Paris, espérant y trouver à faire fortune; sinon, il était toujours décidé à tenter l'aventure en Amérique. Pour les gens à illusions, plus la fortune est lointaine, plus elle est belle.

Martha soignait sa mère avec toute la sollicitude d'un vrai cœur de fille; elle lui apportait tous les jours un bouquet de fleurs rustiques : ne pouvant plus cueillir des roses dans son jardinet, elle avait juré qu'elle ne cueillerait plus que les fleurs du bon Dieu, c'est-à-dire les fleurs qui poussent toutes seules. Vous verrez qu'elle tint parole.

Que se passait-il dans l'âme de madame d'Ormoy ? Le vrai repentir était-il venu, sans aucun regret pour cet enfer de l'adultère où elle s'était jetée avec tant d'emportement ? Oui ; elle s'efforçait de prier Dieu et d'apaiser son imagination en feuilletant à toute heure *l'Imitation de Jésus-Christ*. Mais elle ne pouvait oublier l'image de ce jeune homme qui avait pris son cœur. Qu'était-il devenu ? Nul ne lui en parlait. Avait-il pensé à la revoir ? Songeait-il encore à elle ? Était-il possible que ce roman à peine commencé fût déjà fini ? « Oh ! oui ! » se disait-elle. Et elle se rejetait en Dieu ; mais Dieu ne la voulait pas.

II

LA PORTE DU CIMETIÈRE

Geneviève voyait peu sa mère; elle était devenue sombre; elle passait son temps dans un verger avec un grand chien écossais qui, comme les chevaux d'Hippolyte, semblait se conformer à sa triste pensée.

Elle ruminait mille desseins extravagants. Attendrait-elle que tout le monde allât à Paris pour y aller elle-même ? S'aventurerait-elle jusqu'en Amérique si toute la famille s'expatriait ? Elle regardait tristement le château comme un paradis perdu.

Dans l'après-midi, elle se promenait sur le chemin vert qui serpente du village d'Ormoy au village de la Ferté. Elle y cueillait des fleurettes comme sa sœur; mais au lieu de les rapporter à sa mère, elle les effeuillait en route, comme si elle eût effeuillé toutes ses espérances.

Un profond sentiment de mélancolie avait

pris son âme, à ce point qu'elle trouvait un charme funèbre à s'attarder sur le soir au cimetière d'Ormoy, devant la chapelle où dormait toute la famille de son père, car il était l'unique descendant des d'Ormoy.

Un soir qu'elle était appuyée à la porte du cimetière, elle vit passer un cavalier de haute mine, qui la salua d'un sourire charmant.

Elle le reconnut pour l'avoir vu deux ou trois fois au saut de loup.

Elle tressaillit. « Voilà mon rêve qui passe, » murmura-t-elle, émerveillée par le grand air du cavalier qui fuyait.

Il avait ce je ne sais quoi de dominateur qui séduit toutes les femmes, même les plus fières, je pourrais dire surtout les plus fières.

Geneviève le suivit des yeux, ne doutant pas qu'il ne détournât la tête. En effet, à quelques pas de là, il la regarda une seconde fois.

Leurs yeux se rencontrèrent et prirent feu.

C'était par une de ces belles soirées que le ciel donne à la terre les jours d'actions de grâces : ciel bleu, horizon de pourpre, brises légères parfumées par les forêts, les pommes tombées et les regains, paysannes qui chantent au loin, toutes les rumeurs rustiques étouffées dans l'hymne universel. C'est l'heure et le moment de la rêverie extra-humaine; l'âme prend sa volée et fait son tour du monde, pour se perdre dans l'infini.

Il semblait que le cavalier eût choisi son temps. Jamais Geneviève n'avait senti son cœur plus près du ciel ou plus près de l'abîme.

Le cavalier ne se retourna pas une seconde fois; il fit mieux, il donna un tour de bride et revint sur ses pas. Il avait entrevu une adorable figure. Il se sentait ravi, il ne voulait pas perdre si tôt cette vision.

Geneviève fut enchantée de le revoir; mais, dès qu'il s'approcha pour repasser devant elle, elle rentra dans le cimetière par un mouvement bien naturel; il lui sembla que si elle fût restée en spectacle, sa dignité en eût souffert.

Le cavalier la trouva d'autant plus charmante.

C'était le jeune comte Horace de la Ferté, alors en villégiature chez une vieille tante qu'il appelait sa mère du Nord, car sa vraie mère habitait le Midi.

Il conta sa rencontre à sa tante en rentrant au château de la Ferté.

— Pardieu! dit-il, je me rétracte. J'avais dit qu'il n'y avait pas une femme à voir dans tout le pays ; depuis trois semaines que je suis ici, je bats la campagne tous les jours sans rien rencontrer ; mais enfin j'ai entrevu tout à l'heure une adorable jeune fille. Elle est grande, elle est souple, elle est noble, elle est chaste, elle est belle. C'est une merveille !

— Ah ! elle est si belle que ça ? dit sa tante. Et comment se nomme cette merveille ?

— C'est mademoiselle Anonyme, car je ne sais pas son nom. Elle était à la porte du cimetière d'Ormoy ; je me serais volontiers fait enterrer pour avoir occasion de passer plus près d'elle.

— Je vois ce que c'est. Ce n'est pas le Pérou. C'est une des filles du baron d'Ormoy ; mais celle-là ne fera pas ton bonheur, car le pauvre baron est à sa dernière chemise.

— Eh bien ! ma tante, le mariage n'est pas dans mes habitudes, ni dans mes moyens ; mais, si vous vouliez faire une dot à cette belle créature, je l'épouserais le cœur sur la main.

— Et rien dans la main, enfant ; il ne faut pas prodiguer !

On se mit à table en compagnie de quelques voisins de campagne ; on dîna gaiement, on joua au whist et on se coucha de bonne heure.

A peine entré dans sa chambre, Horace de la Ferté ouvrit la fenêtre. Ce n'était certes pas une imagination poétique, mais le souvenir de Geneviève lui donna je ne sais quelles aspirations sentimentales. Pour la première fois de sa vie, il regarda les étoiles avec admiration. « Ah! mes chères petites étoiles, leur dit-il, comme s'il les connût de longue date, vous seriez bien gentilles d'aller dire à cette belle fille que je l'adore. Elle est maintenant couchée sans doute. Allez, mes petites amies, allez lui parler dans ses rêves de celui qui l'a saluée. Et n'oubliez pas de lui dire que son étoile et la mienne n'en font qu'une. »

Mais ce ne fut qu'une effusion passagère ; le lendemain, M. de la Ferté retournait à Paris ; le surlendemain, il oubliait Geneviève.

Et pourtant, il lui resta dans l'âme le reflet de ses yeux adorables.

Geneviève rêva-t-elle de M. Horace de la Ferté?

La pauvre fille se voyait déjà à la fin de ses joies. Elle trouva le cavalier charmant, mais elle était trop pénétrée de sa déchéance dans l'opinion pour oser faire encore un rêve d'amour.

III

UN HOMME QUI NE FAIT RIEN POUR NE PAS FAIRE DE SOTTISES

Que si vous voulez voir de plus près M. Horace de la Ferté, vous le regarderez passer dans la vie avant de le voir passer dans l'amour.

Il était né à Montpellier, mais il avait du sang anglo-normand dans les veines ; il avait commencé par être blond, il était devenu presque brun. Ce qui frappait en lui de primo abord, c'était sa distinction. Il avait de la taille et de la mine. Comme il avait servi en 1870, il avait gardé un peu de la brusquerie du soldat ; mais on lui pardonnait cela pour sa médaille militaire.

Il avait une beauté mâle que soulignait encore sa moustache retroussée. Ce qui charmait en lui, s'était son franc sourire : belles dents et beaux yeux. Trois duels bruyants lui avaient peut-être donné trop d'importance dans la vie privée. Il voulait avoir raison, même s'il avait tort. Mais, après la première bourrasque, il se calmait comme un cheval de sang qu'on ne brusque pas dans ses emportements. On pouvait dire d'Horace de la Ferté que c'était un gentleman accompli, d'autant plus gentleman qu'il était gentilhomme ; mais il avait le bon esprit de préférer un homme bien élevé à un homme bien né.

Il regrettait de ne pas avoir suivi la carrière des armes, surtout après avoir reçu les compliments du vrai soldat moderne, Canrobert, dont il fut, à Mars-la-Tours, un des officiers d'ordonnance. Mais il était tout prêt à reprendre l'épée, si la guerre éclatait, comme officier de l'armée de réserve.

Que faire en attendant? Il n'avait de goût pour rien ; d'ailleurs, aujourd'hui qu'il faut tant d'argent pour faire fortune, il en coûte beaucoup moins cher pour vivre à ne rien faire. Horace de la Ferté avait par sa mère une demi-fortune; par sa tante de Normandie, une autre demi-fortune. Attendre et vivre de loisirs, c'était peut-être le plus sage; d'autant plus que la vie de soldat lui avait appris à se contenter de peu. Peu, pour lui, c'était trois ou quatre mille francs par mois.

Mais il vivait dans un milieu terrible où les chevaux mènent les filles et où les filles mènent les hommes.

Beaucoup d'autres à sa place auraient désiré sans doute que la tante à l'héritage ne s'éternisât pas sur la terre; mais Horace aimait sa tante presque autant que sa mère. Il allait la voir deux fois l'an sans songer à sa fortune; pourtant il trouvait tout simple qu'elle s'occupât de ses menus plaisirs. Elle lui brodait des bourses de jeu, sans oublier de les bourrer pour qu'elles eussent meilleure figure.

La tante et le neveu avaient le plus vif plaisir de se revoir.

— Ah! si tu voulais te laisser marier, disait souvent la tante au neveu, comme j'aimerais mes petits-neveux!

Horace avait un ami qui avait commencé la vie avec lui par le collège, par les femmes et par la guerre. C'était le vrai confident des anciennes tragédies, car pour lui il ne contait jamais ses actions.

Horace n'avait rien de caché pour Frédéric Orvins. Il ne vivait qu'à demi s'il ne confiait sa vie à son camarade de collège et de cigares. Par malheur, Frédéric Orvins était retourné dans sa famille à Montpellier, mais il n'avait pas perdu son titre de confident, car Horace lui écrivait tout.

Cette lettre marque bien l'impression que Geneviève fit sur lui :

« Mon cher Frédéric,

« Est-ce que tu as été amoureux ? Tu sais que je ne m'en laisse pas conter par les femmes. Eh bien ! tout à l'heure j'ai vu, à la porte d'un cimetière, — le lieu était bien choisi, — une jeune fille qui m'a été au cœur et qui m'a remué plus profondément que toutes les héroïnes de mes meilleures aventures. Nous avons beau railler, il y a de l'ange dans la femme.

« Je reviens à Paris, où je t'attends ; un peu plus je restais jusqu'à la mort à la porte du cimetière d'Ormoy.

« Oh ! l'adorable figure ! Mais j'en ai tant vu de charmantes que demain j'aurai oublié celle-là comme les autres. Ce n'est pas comme toi qui as l'œil du peintre.

« J'avoue que ma mémoire est comme un miroir. Mon œil ne garde pas les images.

« Embrasse ma mère.

« HORACE. »

LIVRE II

GENEVIÈVE D'OR

I

LE CHEMIN DES PASSIONS

La baronne d'Ormoy et ses deux filles passèrent près de trois mois chez la fermière.

M. d'Ormoy, après un séjour de trois semaines à Paris, était parti pour l'Amérique.

Martha, qui était née aventureuse comme Geneviève était née romanesque, attendait avec impatience le départ pour Paris. Geneviève était plus patiente parce que son cœur s'était éveillé amoureusement au pays natal. Un an auparavant, elle s'était prise d'un amour dans le bleu à un Don Juan rustique, indigne d'elle ; mais un second rêve l'avait consolée du premier. Après avoir désespéré, elle espérait encore. L'image du gentillâtre s'était effacée devant celle d'Horace de la Ferté. Les jeunes filles transforment aisément le premier venu en héros de roman. La réalité disparaît sous l'idéal. Ce fut ce qui arriva à Geneviève quand elle vit Horace de la Ferté. Celui-là avait la vraie beauté et la vraie distinction. Elle comprit alors que l'amour rustique ne représentait guère que l'esprit provincial et la grâce endimanchée.

Par malheur, elle sentait bien qu'Horace n'était pour ainsi dire qu'une vision. Il n'était pas venu au château de la Ferté pour épouser la châtelaine dépossédée du château d'Ormoy. Elle savait que les jeunes filles sans dot meurent vieilles filles, surtout quand elles sont bien nées. Mais, tout en ne voulant pas se faire d'illusion, elle vivait pourtant d'illusions parce que déjà elle avait lu des romans.

Un jour, une lettre de New-York vint l'arracher à toute cette poésie innocente. Son père écrivait à sa mère que, puisque madame d'Ormoy et ses deux filles ne pouvaient pas toujours rester à la ferme, elles devaient partir pour Paris où elles trouveraient, sur une recommandation de M. Monroë, banquier des États-Unis, du crédit pour tout l'hiver dans un hôtel franco-américain des Champs-Élysées, bien connu sous le nom de l'hôtel de Lord Byron.

Le baron d'Ormoy, qui connaissait sa femme, ne voulait pas lui envoyer d'argent; il avait donné l'ordre qu'on pourvût aux dépenses, mais dans la plus stricte économie.

Ceci ne faisait pas l'affaire de madame d'Ormoy, qui était aussi dépensière que son mari était prodigue. Ce fut pourtant avec une vraie joie qu'elle partit pour Paris.

Martha riait. Geneviève pleurait; elle ne pouvait se résigner à ne plus voir le château, même de loin. Elle embrassa trois fois la fermière, en lui disant : « Je reviendrai ! » Elle espérait, vaguement d'ailleurs, revoir à Paris M. Horace de la Ferté dont elle savait le nom, mais non l'histoire.

Dès qu'on fut à Paris, on s'ennuya; non pas que l'hôtel Lord Byron ne fût tout aussi gai que les autres hôtels des Champs-Élysées, mais c'était une population cosmopolite qui ne disait rien au cœur de madame d'Ormoy et de ses filles. Il y avait surtout chez les deux sœurs un sentiment de fierté et de distinction qui leur faisait réprouver toutes les vulgarités de la vie. En descendant à la table d'hôte, elles s'étonnaient que, ne voyageant pas, il leur fallût déjeuner en compagnie de tous les voyageurs du globe.

Il y avait d'ailleurs des raisons pour cela. Ainsi, au bout de quelques jours, on vit paraître au dîner une figure inattendue, du moins pour les jeunes filles. C'était M. Achille Delorme, appelé par madame d'Ormoy, qui n'était pas guérie de son amour.

Joie mal cachée chez la mère, indignation plus mal cachée encore chez les jeunes filles qui n'ignoraient pas la faute de leur mère.

— Quoi! dit Martha à sa sœur, cet homme va revenir ici?

— J'espère, bien, dit Geneviève, que ma mère ne lui parlera pas.

Le premier jour, Achille Delorme fit semblant d'être venu à l'hôtel sans savoir que ces dames y étaient. Il les salua et leur dit qu'il ne les croyait pas encore à Paris.

— Il faudra venir nous voir, murmura madame d'Ormoy.

— Peut-être, répondit timidement l'amoureux. Je demeure près d'ici, on m'a vanté cette table d'hôte et j'y viendrai dîner.

Il alla s'asseoir en face de la mère. Mais, le lendemain, madame d'Ormoy s'arrangea si bien qu'il se trouva une place libre auprès d'elle et que son amant prit cette place sans faire de façons. Indignation silencieuse de Geneviève et de Martha. Elles ne mangèrent ni l'une ni l'autre; à peine un peu de soupe; à peine un fruit au dessert.

Après le dîner, la baronne passa au salon, contre son habitude. Elle se mit au piano et joua la sérénade de Schubert.

— Il ne manque plus que la sérénade de *Don Pasquale !* dit Martha à sa sœur, Toute la gamme sentimentale !

— Chut! dit Geneviève, si ma mère a tort, nous ne devons pas le savoir.

— Je suis hors de moi! reprit Martha en souriant, car je sais tout.

Geneviève n'avait jamais voulu parler à sa sœur du crime de sa mère.

— Que sais-tu?

— Te figures-tu que les gens du château ne m'ont pas tout dit? Il n'y a que mon père qui ne sache pas la vérité. Pourquoi un coup de fusil n'a-t-il pas tué ce M. Achille Delorme?

— Eh bien! puisque tu sais tout, puisque je n'ai rien à t'apprendre ni à te cacher, nous pourrons pleurer ensemble.

On dansa dans ce salon international Madame d'Ormoy, qui tenait toujours le piano, dit à ses deux filles :

— Pourquoi ne dansez-vous pas, mesdemoiselles ?

A peine la baronne eut-elle parlé, qu'Achille Delorme s'empressa d'inviter mademoiselle Geneviève.

— Non, répondit Geneviève avec un haut dédain, je ne sais plus danser.

Il eut beau insister, Geneviève s'éloigna. Il se tourna vers Martha.

— Et vous, mademoiselle ?

— Moi ! je ne sais pas encore danser, dit-elle avec des yeux foudroyants.

La mère ne comprit qu'à moitié, mais elle se mordit les lèvres.

— Eh bien, alors, dit-elle, qu'est-ce que vous faites là ?

— Nous ne demandons pas mieux que d'aller nous coucher.

— On ne vous retient pas ! s'écria madame d'Ormoy en reprenant son quadrille.

Martha entraîna vivement Geneviève, toujours nonchalante.

Dès qu'elles furent dans leur chambre, car elles n'avaient qu'une chambre pour elles deux, elles se mirent à pleurer.

— Quel malheur! dit Geneviève, mon père est si loin !

— Et ma mère est si près! dit Martha.

Les jeunes filles se regardaient comme si un nouveau malheur les eût frappées.

— Qu'allons-nous devenir?

— Oh! ce n'est pas ici que nous trouverons des maris.

— Enfin, mon père reviendra.

— Dieu sait quand !

— Vois-tu, tout est ruiné autour de nous, même l'espérance.

— Il nous reste l'honneur.

— L'honneur sans argent, c'est moins que rien.

— Peux-tu dire cela?

— Mais, ma chère Geneviève, songe donc à ces demoiselles de Tagny, trois filles sans dot qui sont devenues de vieilles filles dont tout le monde se moque! C'est à peine s'il leur restait une robe de leur grand'mère pour habiller leur honneur! Ce n'est pas moi qui tomberai dans ce ridicule! A tout prendre, j'aimerais mieux faire comme les deux sœurs de Vertpré.

— Oui, voilà qui est édifiant! Des courtisanes!

— On n'est pas une courtisane parce qu'on prend un amant !

— Oui, mais quand on a pris un premier amant, on en prend un second, puis un troisième ; ce jour-là, on est une courtisane.

— Eh bien, tant pis ! on finit par se repentir, et on n'en est pas moins canonisée pour ses bonnes œuvres...

— Veux-tu bien te taire, Martha ! Tu m'épouvantes avec tes raisonnements.

— Si je fais des raisonnements, c'est parce que j'ai raison. Vois-tu, si mon père ne revient pas bien vite, mon parti est pris.

— Que feras-tu ?

Martha regarda sa sœur et n'osa répondre.

— Et toi ? lui demanda-t-elle. Est-ce que tu aimerais mieux épouser, même pour son argent, un homme que tu n'aimerais pas, que de prendre pour son amour un homme que tu aimerais ? Dans notre pauvreté et notre abandon, il n'y a pourtant que ces deux extrêmes.

Geneviève ne pouvait s'empêcher d'accepter en elle-même l'opinion de Martha. Depuis qu'elle avait vu M. Horace de la Ferté, il lui paraissait impossible d'épouser un autre homme que lui, tandis qu'il ne lui paraissait pas tout à fait impossible de devenir sa maîtresse. Mais le retrouverait-elle?

Quand la mère rentra, les jeunes filles n'étaient pas encore couchées. Comme elle était dans son tort, elle les gronda de brûler de la bougie inutilement. « Oui, oui, murmura Martha, elle voudrait bien qu'on n'y vît pas clair. »

C'en était fait! La mère avait tué dans le cœur de ses filles le sentiment familial, qui préserve souvent la vertu et toujours l'honneur.

Il y a des rencontres fatales.

Martha avait parlé à sa sœur des demoiselles de Vertpré. C'étaient aussi deux sœurs, les filles d'un capitaine de vaisseau qui était mort trop tôt. Elles étaient sorties du couvent presque sans fortune; la mère n'ayant guère que la pension de l'État. Si elles avaient voulu travailler, il n'était peut-être pas impossible qu'elles vécussent dignement comme tant d'autres. Mais travailler à quoi?

Martha avait rappelé aussi trois autres amies du couvent, malheureuses par le mariage. La première plaidait déjà en séparation, les deux autres pleuraient en silence.

Il faut bien reconnaître que la société est

une marâtre pour les femmes. J'ai écrit ailleurs bien des pages contre les gouvernements qui veulent que les femmes soient toujours mineures, mais qui ne leur donnent jamais leur tutelle.

La femme a beau être armée de tous les sentiments de vertu, de charité, de sacrifice, elle n'est défendue que par son cœur. L'homme l'attaque au lieu de la sauvegarder. Mais je ne veux pas encore déclamer une page ici ; je rappellerai seulement qu'à chaque pas, dans Paris comme ailleurs, on peut juger de l'abandon de la femme par la société.

Par exemple, vous lisez souvent cet écriteau : *Chambre de garçon à louer*. Si une femme se présente, on lui dit brutalement : « Vous ne savez donc pas lire ? » On ne veut pas plus d'une femme que d'un chien dans la maison. Et la femme se trouve dans la rue, si elle ne rencontre pas à propos ou mal à propos un trop galant homme qui lui offre l'hospitalité, point du tout écossaise.

II

CES DEMOISELLES DE VERTPRÉ

Ces demoiselles de Vertpré, qui n'avaient pas un brevet d'institutrice, qui n'étaient pas capables de gagner trente-cinq sous par jour en travaillant la nuit pour le magasin du Louvre, qui avaient cherché vainement à donner des leçons de piano, s'étaient décidées, peut-être un peu trop vite, à ne pas mourir de faim. Au lieu de faire de l'amour une religion, elles en avaient fait un commerce.

Comme elles étaient du pays de Geneviève et de Martha, comme elles avaient joué ensemble dans leur enfance, on avait souvent parlé d'elles au château, tout en voulant cacher aux jeunes filles le jeu qu'elles jouaient. Mais on ne cache rien aux jeunes filles : il y en a qui entendent quand on ne parle pas.

Voilà pourquoi Martha avait rappelé à sa sœur les demoiselles de Vertpré.

Or, le lendemain, la baronne ayant conduit

ses filles aux Champs-Élysées à l'heure de la promenade, elles reconnurent les deux sœurs qui étaient descendues de leur victoria pour faire un instant la conversation sous les arbres avec deux jeunes gens de leur monde.

Martha les remarqua la première. L'une des deux sœurs salua Martha.

— N'est-ce pas Héloïse? demanda Geneviève à sa sœur.

— Oui, vois donc? quel luxe! une robe qui va de Paris à Pontoise...

Les demoiselles de Vertpré remontèrent dans leur victoria et firent un signe presque imperceptible à leurs anciennes amies.

— Sont-elles heureuses! dit Martha.

En effet, sur ces deux figures radieuses on ne voyait ni un remords, ni un regret.

— Oh! que je voudrais causer avec elles, reprit Martha.

— Tu es tout à fait folle, dit Geneviève en regardant sa sœur avec une expression de mécontentement.

Martha ne dit plus rien, mais elle pensa qu'un jour ou l'autre elle rencontrerait ses amies.

Ce ne fut pas long.

Le lendemain, même promenade aux

Champs-Élysées. Cette fois Achille Delorme était venu offrir son bras à la baronne. Les deux sœurs indignées marchaient à vingt pas de leur mère.

— Les voilà ! dit tout à coup Martha.

C'étaient les deux autres sœurs, qui, comme la veille, passaient en voiture.

Au sourire de Martha elles comprirent qu'elle désirait leur parler.

Le cocher arrêta les chevaux.

Madame d'Ormoy était encore bien près, mais elle ne se retournait pas, tant la causerie avec Achille était passionnée.

Un flux de promeneurs sépara tout à fait la mère des deux filles.

— Tant pis ! dit Martha.

Et elle alla serrer la main aux demoiselles de Vertpré.

Geneviève, qui ne voulait pas leur parler mais qui ne voulait pas laisser ainsi sa sœur se compromettre en plein monde des Champs-Élysées, suivit la belle étourdie.

— Ah ! Geneviève ! s'écria une des deux filles à la mode, comme vous êtes devenue jolie !

— Un miracle de beauté ! dit l'autre.

Geneviève, qui n'était pas bien ferme sur ses

principes, se laissa prendre à ces amorces. Après tout, elle n'était pas connue, non plus que sa sœur.

Et puis, la curiosité a toujours raison des filles.

— Qu'est-ce que vous faites à Paris? demanda Héloïse.

— Et vous? répliqua Martha.

— Nous nous amusons. Et vous?

— Nous nous ennuyons.

— Je connais ce métier-là, dit Olga.

— Eh bien! si vous voulez vous amuser, faites comme nous, reprit Héloïse. On vous donnera la même couturière.

— Oh! la belle robe! Combien coûte-t-elle? reprit Martha.

— Je n'en sais rien, ma chère; c'est le prince qui paye toutes mes factures.

— Le prince! Quel conte!

— Mais non, ce n'est pas un conte de fées. Ma sœur n'a pas un prince, mais son amant n'en est pas moins riche.

— On disait qu'il n'y avait plus d'argent à Paris.

— Il n'y a plus d'argent, mais il y a toujours de l'or.

— Pour toi!

— Pour toi comme pour moi ! Aimes-tu les robes et les chevaux ?

— Peut-être.

— Veux-tu venir chez moi, ce soir, prendre le thé ?

— Que dirait maman ?

— Es-tu bête ! si ta mère n'a pas de quoi t'habiller mieux que cela, elle n'a rien à dire.

— Voyons, dit Geneviève, voulant entraîner Martha, si ma mère nous retrouvait, elle nous mettrait au pain et à l'eau, comme des petites filles.

— N'y sommes-nous pas déjà ?

— C'est dit, reprit Héloïse de Vertpré ; vous venez ce soir ; nous serons toutes seules ; sans compter que vous reviendrez demain ; car demain on pend la crémaillère chez nous, mais en petit comité : un prince, deux banquiers et deux cocottes bien nées, comme nous autres.

— Où demeurez-vous ?

— Pas loin d'ici, avenue Montaigne.

Et mademoiselle Olga donna sa carte ; car, quoiqu'elle fût la plus jeune, c'était la maîtresse de la maison.

Quand elles se furent éloignées, Héloïse dit à Olga : « Tu as fait là deux bêtises : la première, c'est de détourner ces demoiselles de leur chemin ; la seconde, c'est de les amener au milieu de nos amoureux, car elles sont plus jolies que nous. »

Geneviève jura qu'elle n'irait pas avenue Montaigne. Mais, en retrouvant sa mère, elle apprit que la baronne irait le soir, sans ses filles, à l'Opéra.

— Bah! dit Martha en entraînant sa sœur, il ne faut pas être plus sage que maman. Cela lui ferait du chagrin.

Et elles se risquèrent chez mesdemoiselles de Vertpré. Elles furent éblouies de cet intérieur luxueux s'il en fût, pavé de mauvaises intentions, mais recouvert d'admirables tapis de Perse.

Ce fut ainsi que mesdemoiselles d'Ormoy firent leur entrée dans le monde.

Elles n'allèrent pourtant pas le lendemain voir pendre la crémaillère; mais c'était moins peut-être par pudeur que parce qu'elles n'avaient pas de robes dignes de la fête. Et puis, elles n'osaient pas encore briser avec leur mère.

Mais les jours suivants, dès que leur mère eut tourné les talons pour une promenade avec M Achille Delorme, elles retournèrent chez les demoiselles de Vertpré.

La baronne fermait les yeux sur les absences de ses filles, bien convaincue qu'elles ne la quittaient que pour aller à l'église ou dans l'avenue haute des Champs-Élysées, où les jeunes filles se promènent sans tutelle.

Or, dans leurs visites avenue Montaigne, Geneviève et Martha rencontrèrent des désœuvrés fort aimables qui ne manquèrent pas de les initier à la vie d'aventures. C'étaient des promesses féeriques.

On ne parlait de rien moins que de faire tout de suite de ces demoiselles d'Ormoy des princesses, avec des diamants, des chevaux, des hôtels. Elles ne savaient pas que le miroir aux alouettes se casse souvent dès que les alouettes sont prises. Certes, elles ne se laissèrent pas prendre du premier coup. Mais elles trouvèrent agréable de flirter un peu comme des Américaines dépaysées qui veulent bien commencer le roman, sauf à ne jamais le finir.

Qu'arriva-t-il? Un jour, ou plutôt un soir, madame d'Ormoy ne vit pas rentrer ses filles, ni le lendemain, ni le surlendemain.

Cette fois-là, elle vit toute l'horreur de sa conduite comme par réverbération. Elle comprit que si c'était une infamie de vivre dans l'adultère et de l'adultère, c'était une plus grande infamie encore pour elle, qui avait charge d'âmes, d'avoir précipité ses filles dans l'abîme par son exemple.

Elle eut de vraies larmes. Elle courut à Saint-Philippe-du-Roule. Elle refusa de voir Achille Delorme. Elle résolut de se réfugier au couvent, ou même de rejoindre son mari en Amérique, ce qui était une punition plus exemplaire.

Mais l'amour fut plus fort, elle rappela son amant et l'enchaîna plus que jamais en lui disant : « Maintenant je n'ai plus que toi, jure-moi de vivre pour moi. »

Achille Delorme jura, tout en se promettant bien de se parjurer.

Était-il possible, cependant, que cette charmante et douce Geneviève se fût laissé entraîner comme sa sœur dans l'abomination des abominations? Elle qui avait un si haut sentiment de sa vertu, de sa dignité et de son nom, comment pouvait-elle se jeter, tête et cœur, dans ce gouffre sans fond ? Avait-elle, en si peu de jours, abdiqué tout ce qui fait la grandeur de la femme? Était-il possible que cette figure angélique fût profanée par toutes les expressions de la volupté? Quoi! cette âme toute divine que la rêverie promenait si souvent dans le bleu des nues, au pays des étoiles, dans les régions de l'infini, retombait déjà ainsi sur la terre, les ailes brisées?

Je ne sais pas encore! La toile se lève sur un autre acte de ce drame. Voyez vous-mêmes.

III

UN DUEL MYSTÉRIEUX

Geneviève ne s'accoutumait pas à l'idée de sa déchéance, mais elle n'avait plus le courage de remonter. Comme ces arbres longtemps battus par les vents, elle restait courbée sur l'abîme.

Et, une fois courbée sur l'abîme, le vertige la prenait.

Elle était née avec le sentiment de la vertu, mais elle avait vu partout combien la vertu est fragile. Son père et sa mère, certes, n'avaient pas prêché d'exemple devant elle. Ses anciennes amies qu'elle retrouvait à Paris étaient mal mariées ou s'étaient jetées dans les folies, comme mesdemoiselles de Vertpré; hormis elle-même, qui donc la retenait à son devoir?

Fatalement elle devait tomber, à moins que Dieu ne la prît pour lui et ne l'emprisonnât dans un couvent. Mais Geneviève se sentait trop vivante. Elle avait respiré je ne sais quelles vagues émanations de l'amour, qui l'enivraient et qui devaient l'entraîner.

Tout en se sentant presque perdue, elle avait de fières révoltes contre elle-même ; mais elle avait beau rebrousser chemin, elle finissait par marcher en toute hâte à sa perte.

Ce fut à ce point qu'un matin, vers deux heures, un des jeunes gens qui la rencontraient chez ces demoiselles de Vertpré, M. d'Angerville, la décida à l'accompagner chez lui. C'était sous le prétexte menteur de lui montrer le portrait de mademoiselle de La Vallière, qui lui ressemblait à s'y méprendre.

Quand elle fut là, elle regarda le portrait comme si elle ne fût venue que pour cela.

— Oui, dit-elle, si j'étais plus belle, je ressemblerais à ce portrait.

— Vous êtes tout aussi belle, dit M. d'Angerville. Vrai morceau de roi ! Je ne demande qu'à être Louis XIV.

Geneviève jouait alors avec un poignard ancien qu'elle avait pris sur la cheminée.

— Oui, reprit-elle en le menaçant du poignard, mais je ne suis pas La Vallière et vous n'êtes pas Louis XIV.

Après quelques minutes de flatteries, le

jeune homme démasqua brutalement sa passion. C'était la passion sans amour.

Elle s'indigna bien naturellement, puisqu'elle s'indignait non seulement contre lui, mais contre elle-même. Mais il croyait que c'était un jeu et ne voulait pas être joué. Il se jeta violemment sur Geneviève, comme sur une proie...

Ce fut comme une ville prise d'assaut, avec les colères heureuses du vainqueur et les humiliations mortelles du vaincu.

M. d'Angerville s'imaginait qu'une fois maître de la place, le charmant sourire de Geneviève allait revenir sur sa figure.

Mais elle avait la pâleur d'une morte ; il semblait qu'elle eût subi la tempête et la foudre. Elle ne pouvait porter sa honte qui l'écrasait.

C'est en vain qu'il lui parla, elle était atterrée et muette. Il prit un air railleur, comme un homme qui ne s'imagine pas avoir commis un grand crime, ni surtout être le premier à le commettre.

— N'est-ce pas, lui dit-il, que nous sommes maintenant de bons amis ?

— Je vous hais ! je vous hais ! je vous hais ! lui répondit-elle.

— Ah! pardieu! s'écria-t-il, voilà qui est trop! Elles sont toutes comme ça! c'est le charlatanisme de la vertu.

Il prit froidement dans son porte-monnaie un billet de cinq cents francs et se rapprocha de Geneviève.

— Voilà, reprit-il, qui va vous faire plus gracieuse.

Elle le regarda du regard le plus méprisant dont une femme ait jamais frappé un homme.

Et lui, il ne comprit pas toute la douleur de cette âme blessée... Et il souffleta Geneviève avec le billet de cinq cents francs...

Elle était sur le canapé. Elle se leva terrible, furieuse, menaçante.

M. d'Angerville éclata de rire. C'était comme un défi. Alors cette jeune fille, jusque-là si douce et si indolente, se tourna vers la cheminée, saisit le poignard et en frappa le jeune homme.

Cela se fit en quelques secondes. Il poussa un cri et tomba...

Celle qui mourait sous l'humiliation éclata de rire à son tour, un rire forcé comme celui de M. d'Angerville.

— Adieu, dit-elle, nous ne sommes pas encore quittes!

Et elle s'en alla sans vouloir fuir, mais parce qu'elle ne voulait pas rester dans cette maison maudite.

Le lendemain, M. d'Angerville dit à tous ses amis inquiets autour de son lit qu'il avait eu un duel mystérieux. On le crut en danger : il ne fit que deux mois après sa réapparition au club.

Duel mystérieux, en effet. Le plus blessé, ce n'était pas lui !

IV

MADEMOISELLE VINGTANS

On dansait chez mademoiselle Vingtans. Vous me direz que ce nom-là ne se trouve pas dans le calendrier grégorien. Je n'ai pas vérifié, mais nous avons depuis longtemps déjà un autre calendrier qui a ses pécheresses et ses martyres, sinon ses saintes. C'est un calendrier écrit par M. de Cupidon à la Maison-d'Or, quand il est déguisé en fils de famille s'enivrant avec les demoiselles.

C'était par antiphrase qu'on avait baptisé la dame en question de ce nom charmant, mademoiselle Vingtans.

Elle était déjà à sa seconde jeunesse, mais elle persistait à dire à tout propos :

— Quand on a vingt ans, comme moi, quand on est quasi majeure, il faut songer au lendemain.

Si bien qu'on ne l'appelait plus que mademoiselle Vingtans.

Elle commençait à s'en offenser tout haut, mais elle s'habituait volontiers à avoir toujours vingt ans.

C'est la force de la femme de se croire belle et de se croire jeune. Elle ne saurait trop le dire autour d'elle ; avoir des illusions sur soi, c'est en donner aux autres.

Or, mademoiselle Vingtans, qui s'appelait tout bêtement Marie Lefloh, était une ambitieuse, arrivée à mi-chemin. Elle avait constitué une commandite amoureuse qui lui donnait trois mille francs par mois. Quand on peut dépenser trois mille francs par mois, il est bien aisé de faire mille francs de dettes ; total : quatre mille francs que dépensait la princesse. Avec ces quatre mille francs, elle avait coupé l'hiver, une victoria l'été, un appartement aux Champs-Élysées, une mauvaise cuisine et des robes de toutes les paroisses. Je ne parle pas des bijoux récoltés çà et là, ni de son argent de poche, — pris dans la poche de ses amis.

Donc, elle menait un certain train, cette demoiselle! Elle donnait à dîner, elle donnait à danser, elle donnait à souper ; je ne sais pas ce qu'elle ne donnait pas.

Les amoureux paraissaient effrayés de son

luxe d'aventure ; aussi plus d'un faisait-il charlemagne à ce jeu de l'amour en disant : « Payera bien qui payera le dernier. »

C'est à peine si elle daignait s'apercevoir qu'un amoureux était parti ; elle disait gaiement, avec un air philosophique : « Cela n'empêchera pas l'omnibus de la Bastille d'aller à la Madeleine. »

Mademoiselle Vingtans était fort à la mode à Paris et dans les Champs-Élysées, deux pays qui n'en font qu'un, mais qui pourtant sont fort dissemblables. Elle a sa légende comme toutes les filles célèbres. Voici ce qui lui est arrivé : sa jeune sœur, dont elle prend souvent l'extrait de naissance, n'était peut-être pas née pour faire figure dans le demi-monde. Mais mademoiselle Vingtans est une entraîneuse qui ne connait pas d'obstacles. Un jour qu'elle était invitée à une chasse à courre chez le comte***, elle amena sa sœur qui fut tout aussi intrépide à poursuivre le cerf, qu'elle appelait la bête à cornes.

Mais il y eut des entr'actes à la chasse. On ne sait qu'inventer pour perdre son temps.

Une après-midi, pendant que les chasseurs faisaient un tour dans le parc, mademoiselle Vingtans se déshabilla et déshabilla sa sœur pour orner deux piédestaux qui n'avaient pas encore de statues. Naturellement il y avait des feuilles de vigne. Du reste, elles représentaient toutes les deux des figures de Diane, la chaste et fière chasseresse. Vous jugez pourtant de la surprise des chasseurs quand ils passèrent par là. Il paraît qu'il n'y avait rien à dire, parce que c'était du marbre, suivant l'expression d'un de ces messieurs. Mademoiselle Vingtans savait bien où elle était. Elle ne se fût pas risquée ainsi sur la place de la Concorde.

Et qui est-ce qui dansait ce soir-là chez mademoiselle Vingtans? Oh! mon Dieu! quelques demoiselles de qualité et beaucoup de demoiselles de quantité; tout ce monde d'occasion qui aspire à jouer au demi-monde, quelques filles du Sacré-Cœur, tombées à leur première aventure dans le sacré cœur; des comédiennes sans théâtre, des modistes qui changent de clientèle, des couturières qui trouvent plus simple de se faire faire des robes, en un mot toutes ces *incroyables* de la vie galante qui ont donné leur vertu pour un plat de lentilles parce que le plat était en argent. Il y avait là l'avant-garde et l'arrière-garde, les débutantes et les surannées, toutes plus ou moins peintes, pastels de la même farine, avec des yeux grands comme le monde, des grains de beauté, des gerbes de cheveux d'or, des bouches de carmin qui imprimeraient le baiser si on s'y hasardait; mais vous savez que « dans le monde » ces demoiselles ne permettent point de pareils attentats. Et d'ailleurs, qui donc oserait toucher à ces « expressions » qui leur ont bien coûté vingt sous de blanc, de rouge et de noir : *Prenez garde à la peinture!*

On dansait depuis deux heures ; le personnel des hommes était irréprochable. Tout le livre héraldique, la noblesse se retrouvait en champ clos. Les bouquets de la bouquetière blonde des Champs-Élysées ne faisaient pas plus mal à la boutonnière que la croix de Saint-Louis des aïeux. Il faut que jeunesse se passe dans l'amour. Quiconque n'a pas été jeune ne devient pas un homme. Il peut devenir un admirable monstre de science comme Littré, mais il ne sera ni bon soldat, ni bon diplomate, ni bon ministre, parce qu'il n'aura pas étudié les hommes par les femmes ; parce qu'il ne voudra pas risquer sa vie sur un coup de dés.

Parmi les femmes les plus jeunes, il en était une qui s'adonnait follement à toutes les extravagances du quadrille, à tous les enivrements de la valse.

On n'avait jamais vu celle-là si gaie.

On s'étonnait de cet emportement, car depuis qu'elle était apparue dans le monde des hautes filles perdues, on l'appelait *la Silencieuse*.

Elle avait encore un autre nom de guerre.

Je n'ai pas vu ses cartes de visite. On m'a dit qu'elle ne prenait pas d'autre nom que celui de Geneviève. Mais on l'avait surnommée Geneviève d'Or pour ses cheveux, variations harmonieuses de la palette rayonnante de Giorgione ! D'où venait-elle ? A cette question, elle répondait invariablement : « Je n'en sais rien. » Où allait-elle ? Elle disait qu'elle le savait moins encore. Elle était blonde et blanche, ce qui est une beauté déjà ; elle avait aussi la beauté des lignes, la beauté héraldique, le nez légèrement accusé, l'expression fière, le sourire dédaigneux, même quand elle souriait du cœur. Mais elle renfermait son cœur.

Il y avait à peine trois mois qu'elle apparaissait de loin en loin au milieu de ces demoiselles ; elle s'était hasardée une fois au Cirque par curiosité ; tous les chasseurs de femmes s'étaient mis sur sa piste, ou plutôt à ses trousses; mais elle ne se laissait pas prendre comme cela.

On supposait bien pourtant qu'elle n'allait pas ici et là pour faire son salut. La chronique scandaleuse racontait même qu'elle avait été l'héroïne de quelques aventures incroyables où les femmes ne sont plus que des créatures. Mais c'était une calomnie. Était-ce la question d'argent ou la question de la folie amoureuse qui la jetait dans le demi-monde?

Quoi qu'il en soit, elle avait son rôle marqué dans la vie parisienne. Était-elle de celles qui ne se relèvent pas parce que la chute est trop profonde? Les sources vives ne remontent pas le courant, même à force d'écluses, et pourtant, à première vue, on jugeait qu'il y avait là une femme et une âme.

Plus d'un et plus d'une l'avaient interrogée, mais elle avait renversé tous les points d'interrogation du bout de sa jolie bottine, comme si elle eût joué avec des capucins de cartes. Elle se donnait telle quelle, sans vouloir soulever la robe de lin de sa jeunesse. Elle ne devait de compte qu'à elle-même, puisqu'elle était responsable de ses actions devant Dieu. Elle ne voulait pas s'humilier comme tant d'autres à confesser au premier venu ses péchés de la veille et ses vertus de l'avant-veille.

Ce qui charmait en elle de prime abord, c'était, comme j'ai dit, sa blancheur sous ses cheveux dorés. Les blondes sont presque toujours rosées, ou même rougies, ce qui leur donne l'air de bonnes pensionnaires en récréation. Aussi n'arrivent-elles jamais à la gravité de l'expression. C'est bien plutôt sur la blancheur du visage que se joue la gamme des sentiments, ce qui n'empêche pas les blondes colorées d'être jolies à leur moment. Geneviève d'Or était pâle sous sa toison d'or.

V

CELUI QU'ON N'ATTEND PAS

On dansait le cotillon, quand un jeune homme, qui avait passé la soirée dans trois salons politiques à voir danser toutes les opinions, entra comme un coup de tonnerre, tant on fit du bruit en le voyant. Il était très attendu et on ne l'espérait plus.

C'était le jeune comte Horace de la Ferté, l'homme le plus aimé de ces dames.

Aussi tout le cotillon, après avoir poussé des hourras, courut à lui pour l'enchaîner dans le tourbillon. Il prit gaiement la chose et se mit tout de suite au diapason. Il fit un tour de valse avec chacune des femmes, sans même les voir ; le hasard lui donna Geneviève pour dernière valseuse, si bien que celle-là lui resta dans la main.

Il y eut pour tous les deux le choc inattendu de l'électricité magnétique, cet avant-coureur de l'amour.

Est-ce parce qu'il la trouva belle, est-ce parce qu'elle le trouva beau?

Non, c'est parce qu'il y eut je ne sais quelle reconnaissance de leur âme; ils furent sur le point de se dire tous les deux :

— Où vous ai-je donc vu?

— Mais non!... se dit à lui-même M. de la Ferté; j'ai cette bêtise de croire que j'ai déjà rencontré toutes les femmes qui sont belles!

Et, fixant encore Geneviève d'Or :

— Non, non, dit-il, je n'ai jamais vu ces cheveux-là, c'est la vraie toison d'or!

Je ne sais ce que se dit Geneviève d'Or en regardant pour la seconde fois à la dérobée son triomphant valseur, qui était l'invincible pour toutes les femmes du salon, non seulement parce qu'il avait répandu à propos quelques poignées de louis, mais encore parce qu'il se moquait joliment d'elles.

Horace trouva Geneviève si belle et si fière, même dans l'emportement du plaisir, qu'il lui dit brusquement :

— Eh! que diable faites-vous ici?

C'était le mot d'un homme d'esprit, directeur de théâtre, qui, entendant un jour lire une tragédie boursouflée de vers médiocres, salua tout à coup un beau vers qui passait en s'écriant : « Où diable celui-là va-t-il se nicher? »

A cette question de M. Horace de la Ferté, Geneviève, qui comprit bien, le remercia par un regard rapide ; mais comme elle n'était pas là pour faire du sentiment, elle masqua son émotion et répondit d'un air distrait :

— Je fais comme toutes les autres, je m'amuse.

Horace, qui ne vit pas l'émotion de Geneviève, se laissa prendre à cette réponse.

Il était sur le point de traiter avec elle de puissance à puissance, mais il jugea que ce n'était pas la peine. « Après tout, se dit-il à lui-même, j'ai toujours été dupe de mon cœur; celle-là ne vaut pas mieux qu'une autre, si ce n'est qu'elle est plus belle. Puisque aussi bien, ce soir, les Romains enlèvent les Sabines, j'enlèverai cette Sabine. »

Et il dit tout haut à Geneviève :

— Soupez-vous ici? — ou chez moi? — ou chez vous?

— Où il vous plaira, répondit *la Silencieuse*.

— Eh bien ! je vous trouve si belle que je voudrais que ce fût chez vous; car ici on pourrait vous enlever, si je tourne la tête d'un autre côté; chez moi, j'aurais peur de vous y emprisonner, tandis que chez vous...

— Tandis que chez moi... je vous vois venir... vous me quitterez, comme les gens vertueux, pour aller voir lever l'aurore.

Comme Geneviève disait ces mots, mademoiselle Vinglans frappa trois coups pour avertir ses convives qu'on allait passer dans la salle du souper.

— Après quoi, dit-elle, les hommes de bourse joueront au trente-et-quarante pour refaire les femmes.

Geneviève et Horace étaient déjà dans l'antichambre, qui décrochaient leurs manteaux.

— Eh bien! non, dit tout à coup Geneviève en retournant vers le salon, j'aurais trop peur de mettre mon cœur sur la table si je soupais chez moi.

— Votre cœur! exclama Horace. Vous croyez donc encore à ces bêtises-là?

— Je n'y croyais plus... j'étais comme la pendule qui est arrêtée, mais voilà qu'elle repart et qu'elle marque l'heure...

— Et qui a fait ce miracle?

— C'est peut-être vous!

— Ah! ah! ah! Est-ce que vous jouez la comédie au Théâtre-Français, mademoiselle?

— Non, je suis trop paresseuse.

Disant ces mots, Geneviève courut prendre une place au souper.

Pourquoi fuyait-elle ainsi Horace ? Était-ce pour jouer l'éternel jeu des femmes qui veulent être poursuivies ? Mon Dieu, non, elle ne voulait pas faire de coquetterie. Elle obéissait à je ne sais quelle voix mystérieuse de sa destinée. Elle avait peur de cette passion soudaine comme d'un abime; dès le premier pas, Horace lui donnait le vertige.

— C'est trop tard ou trop tôt, dit-elle en dévorant une larme.

VI

UN SOUPER CHEZ MADEMOISELLE VINGTANS

M. de la Ferté ne comprit pas plus cette dernière parole que la première. Ce n'était qu'un demi-voyant. Certes, pour lui, cette femme n'était pas la première venue, mais, comme il le disait, il ne voulait pas être dupe de son cœur.

— Elle joue son jeu, dit-il en la suivant des yeux ; elle avait peur d'être prise pour une femme à vingt-cinq louis ; elle en veut cinquante. Eh bien, je ne les lui donnerai pas ! A moins que je ne sois bien heureux au trente-et-quarante.

M. de la Ferté décida qu'il resterait aussi au souper et qu'il tenterait la fortune au trente-et-quarante jusqu'au matin. Il fit semblant de ne pas suivre des yeux Geneviève, et se plaça à l'autre bout de la table. Mais mademoiselle Vingtans, qui aimait à faire des impertinences, pria son voisin d'aller au bout de la table et appela Horace auprès d'elle.

— Eh bien ! lui dit-elle, je croyais que mademoiselle Geneviève d'Or vous avait enlevé ?

— Comment donc !.. Elle n'a même pas voulu se laisser enlever.

— C'est qu'il n'est pas dans les habitudes de mademoiselle Geneviève de se laisser enlever, répondit mademoiselle Vingtans. C'est, dit-on, une fille bien née. Il y a ici des femmes imprenables, mon cher ami.

— Vous, par exemple ! dit Horace.

— Peut-être ! J'ai mes quarts d'heure de vertu.

— Dites-moi donc quelle est cette Geneviève ?

— C'est peut-être Geneviève de Brabant ! Tout justement je l'ai connue chez Brébant, un soir que nous soupions par là avec des princes.

— A-t-elle un amant?

— Elle en a plutôt deux qu'un.

— Où perche-t-elle ?

— Ni moi non plus. Pas loin d'ici, j'imagine.

— A-t-elle un train de maison ?

— Je ne crois pas, elle va au Bois dans une voiture à vingt-cinq francs par jour; mais elle est si fière qu'elle donne du chic à sa victoria et à son cheval couronné — un ci-devant beau cheval. D'ailleurs, si elle voulait, elle aurait huit chevaux à un huit-ressorts.

— Enfin, vous savez bien quelque chose de sa vie intime ?

— Pas pour deux sous. On dit qu'elle a un prince. On dit qu'elle a donné un coup de poignard à un Tarquin pour jouer la Lucrèce. Je l'ai invitée ce soir pour sa bonne mine.

— Vous avez raison : vous autres vous portez vos parchemins sur votre figure.

— Dis cela pour la Roche-Tarpéienne, qui est toute parcheminée, mais pas pour moi.

— C'est vrai ! j'oubliais que tu as vingt ans.

— Depuis hier. Ne dirait-on pas que je suis majeure !

— Tu seras toujours mineure, dans tes détournements de mineurs, car tu aimes les crevés à leur première escapade.

— Tu t'en souviens.

— Oh! ma foi, non! je ne rouvre jamais le livre de ma vie.

— Tu le trouves trop mauvais.

On parla tout haut sur une apostrophe de mademoiselle Tournesol, qui voulait que Vivier racontât une de ses bonnes histoires, car Vivier était de la fête. Il voulut bien rééditer, en la diminuant, l'histoire du veau devenu bœuf.

Vivier avait si gaiement parlé, qu'une jeune imbécile le pria de chanter.

— Oui, dit-il, si vous voulez m'accompagner.

— De tout mon cœur.

C'était une bonne sortie pour Vivier. La jeune imbécile s'imagina qu'elle le suivait au piano, mais elle le suivit dans l'antichambre, où il lui offrit pour sortir son parapluie.

Ce n'était d'ailleurs qu'une fausse sortie. Il revint par les salons et joua sur le piano du violon, de la harpe, de la flûte, du théorbe, de la guitare et de l'orgue de Barbarie. C'était — le piano en moins — tout un concert avec douze intrumentistes.

Mais, cette fois, ce fut le chant du cygne ; quand tout le monde accourut pour applaudir, Vivier s'était envolé. Ce fut la jeune imbécile qui recueillit pour elle les applaudissements.

— Et quand on pense, dit-elle, qu'un pareil homme n'a pu m'offrir que la moitié de son parapluie !

On retourna souper. Personne ne retrouva sa place ; aussi, dans le tohu-bohu, M. de la Ferté s'assit, sans le vouloir, auprès de Geneviève.

— Ah ! c'est vous ? lui dit-il, je ne vous reconnaissais pas.

Il ne vit pas qu'elle était très émue.

— Et moi, lui dit-elle, je me demande si je vous ai jamais vu.

On porta un toast à mademoiselle Vingtans, à sa sœur, à Geneviève, à toutes les femmes. A force de boire comme quatre, on y vit bientôt double.

On s'imagina qu'on avait un esprit d'enfer parce qu'on se jetait, comme à la raquette, tous les mots démodés qui courent les rues, sous prétexte que l'esprit doit courir les rues.

La maîtresse de la maison jugea que le moment était venu de mettre les cartes en main.

On vit bientôt ruisseler l'or à un trente-et-quarante improvisé ; un peu plus, on se fût cru à Monaco. C'est la Roche-Tarpéienne qui tenait la banque avec deux râteaux : je veux dire avec deux mains crochues.

Geneviève ne voulait pas jouer, mais Horace mit un enjeu pour elle comme pour lui. Ils gagnèrent, ils perdirent ; ils regagnèrent, ils reperdirent ; le combat finit au point du jour, faute de combattants ; d'ailleurs mademoiselle Vingtans, qui était dans la banque, déclara que la banque avait sauté. La vérité est qu'elle avait sauté dans sa poche.

Tout le monde était content, parce que tout le monde était gris, moins Geneviève. Une tristesse profonde avait pris son cœur, depuis l'apparition de M. de la Ferté. Elle s'était efforcée de faire bonne figure, mais elle sentait bien qu'une révolution s'était faite en elle.

Elle était déjà si opprimée par sa passion pour cet inconnu que, lorsqu'il lui parla de la reconduire, elle lui prit le bras et l'entraîna en toute hâte comme si elle eût eu peur qu'une autre ne le lui volât.

Le coupé d'Horace était en bas.

— Où allons-nous? lui demanda-t-il en ouvrant la portière.

— Où il vous plaira, murmura-t-elle.

Elle ne savait plus qu'obéir.

— Où demeurez-vous?

— Rue de Ponthieu, n° 2.

M. de la Ferté ordonna à son cocher d'aller rue de Ponthieu. Ce petit voyage fut court, mais charmant. On s'embrassa avec toutes les douceurs de l'imprévu. Horace était ivre, mais il avait encore la force de savourer la volupté dans l'ivresse. Pour Geneviève, elle était ivre de joie amoureuse.

VII

UNE POIGNÉE D'OR MAL PLACÉE

A peine étaient-ils tous les deux dans le petit appartement de la rue de Ponthieu, qu'ils furent quelque peu dégrisés : elle, de voir un amoureux brutal qui voulait tordre le cou à sa passion ; lui, de reconnaître qu'il était chez une fille qui n'avait pas le sou. En effet, Geneviève avait loué au mois un de ces appartements meublés que les courtisanes payent très cher quand elles n'ont pas de chez soi. C'est l'hôtel garni où tout le monde a passé. Pas un meuble qui parle à l'esprit ni au cœur ; le dieu familier de la maison n'est jamais venu là chanter la chanson intime du coin du feu. C'est une étape, une étape d'autant plus douloureuse qu'on y a essayé un sourire. C'est une station de la croix des filles perdues, s'il est permis d'évoquer un tel souvenir. Dans ces intérieurs, la pendule ne va pas. Mais pourquoi marquerait-elle les heures, quand on perd sa journée ?

Les meubles sont de toutes les paroisses et de tous les styles, comme pour rappeler que les amours les plus disparates ont eu là droit de cité.

Geneviève vit bien que M. de la Ferté se trouvait dépaysé dans cet horrible coin; jusque-là elle n'avait pas vu combien cette boutique de curiosités était pauvre dans son faux luxe. Elle eut froid au cœur.

— Pourquoi l'ai-je amené ici? murmura-t-elle.

Presque sans y penser, elle éteignit les deux bougies qu'elle avait allumées.

— Ma foi, dit Horace, vous pouvez d'autant mieux éteindre les bougies que voilà le jour qui vient.

Et se reprenant :

— Pourquoi demeurez-vous ici?

— Pourquoi? Est-ce que je le sais? Depuis un mois je n'habite que mon coupé.

— Voyez-vous, ma chère amie, quand on est, comme vous, un tableau de maître, il faut toujours être bien encadrée. Un portrait ne vaut rien sans son cadre, comme un cadre ne vaut rien sans son portrait.

En disant ces mots, Horace encadra Geneviève dans ses bras.

— Vous êtes, reprit-il, la plus adorable femme que j'aie vue cet hiver.

— Et l'autre hiver ?

— Ah ! ah ! l'autre hiver ! Je ne parle jamais du passé.

— Ni moi non plus, dit Geneviève.

Horace embrassa la jeune fille.

— Voilà, lui dit-il, voilà qui efface tout.

Je ne sais pas s'ils continuèrent longtemps cette douce causerie; mais je sais que vers onze heures du matin, Geneviève qui était entre deux songes, comme Horace avait été entre deux vins — le Mumm et le Rœderer, — entendit un bruit argentin. Il lui sembla qu'elle était encore au trente-et-quarante, et que la Roche-Tarpéienne remuait l'or à pleines mains. Elle n'eut pas la force de se réveiller.

Mais, tout à coup, elle tendit la main, elle souleva la tête, elle regarda autour d'elle.

— Il est parti ! s'écria-t-elle.

Elle sonna, en oubliant que la sonnette ne sonnait pas plus que la pendule. Elle sauta sur le tapis et courut jusqu'à la porte, comme pour ressaisir l'ombre de M. de la Ferté.

Elle ouvrit la porte et appela sa femme de chambre.

Cette fille, qui était en même temps sa cuisinière, lui apporta une tasse de thé.

— Quand est-il parti? lui demanda-t-elle.

— Il y a une heure, madame. J'espère bien qu'il reviendra souvent, car il m'a donné un louis, ce qui ne se trouve pas tous les jours ici sous le pied d'un amoureux.

Geneviève n'écoutait pas.

— Il ne vous a rien dit?

— Pas un mot! Ce qui ne m'a pas empêché de le trouver bien éloquent.

Geneviève se demanda comment elle avait pu dormir ainsi. C'est que le sommeil ne lui était venu que fort tard, dans un rêve d'amour. Elle allait se recoucher, quand un rayon de soleil passant entre deux rideaux de la croisée frappa sur une poignée d'or jetée sur la cheminée. Geneviève alla à la cheminée.

— Oh! mon Dieu, dit-elle en pâlissant, moi qui lui ai dit que je l'aimais, il m'a payée comme une...

Elle ne prononça point le mot.

VIII

CE QU'ON FAIT DE L'ARGENT DES PAUVRES

Geneviève resta là debout, silencieuse, désolée, regardant ces pièces d'or qui eussent fait sourire tant d'autres.

— Encore, dit-elle, si je savais où le retrouver!.. j'irais chez lui et je lui jetterais cet or à la figure, car il n'avait pas le droit de m'offenser.

Elle se vit dans la glace.

— Pauvre misérable que je suis, je me fais encore illusion! Oui, il avait le droit de m'offenser, puisqu'il m'a trouvée dans le lupanar de mademoiselle Vingtans. Ne pouvant m'aimer, il me paye. Et me voilà deux fois punie parce que je l'aime.

Deux belles larmes de Geneviève tombèrent sur la poignée d'or d'Horace.

— Oh! oui, Geneviève d'Or! dit-elle avec désespoir.

Geneviève rappela sa servante.

— Théodule, vous allez prendre cet or, et vous le donnerez sans compter au premier pauvre que vous rencontrerez.

— Oh! madame, s'écria Théodule.

Ce : *Oh! madame* était fort expressif. Cela voulait dire qu'il y avait beaucoup de pièces d'or et que Geneviève n'avait pas le sou. Mais mademoiselle Théodule, craignant de n'être pas comprise, souligna sa pensée.

— Songez donc, madame, nous n'avons pas d'argent ; je dois à tout le monde dans la rue ; ce matin, le charbonnier n'a pas voulu apporter le bois. Madame a reçu hier une rude averse sur sa plus belle robe; la couturière est venue dix fois, depuis que le prince est absent!

— Allez! allez! dit Geneviève, ceux qui donnent aux pauvres ne sont pas les plus riches.

— Je crois que madame est un peu folle.

— Le beau mérite de ne donner que le superflu !

— Mais si madame...

— Allez, allez, cela vous portera bonheur comme à moi.

Une nouvelle idée traversa l'esprit de la servante. « Après tout, se dit-elle, je suis bien bête d'empêcher les gens de faire des bêtises. Le premier pauvre que je rencontrerai, ce sera moi. »

Sur ce dernier mot, Théodule avança timidement la main vers les cinquante louis, car il y avait cinquante louis. Horace, tout en jouant la distraction dans ses générosités, était toujours plus ou moins mathématicien.

— Savez-vous qu'il y en a beaucoup, madame?

— Voyons, dépêchez-vous, je ne veux plus voir cela.

— Allons, madame, un bon mouvement, partagez au moins avec les pauvres.

— Non, tout ce que je puis faire pour vous, c'est de vous permettre de garder cent francs pour votre sœur qui vient d'accoucher.

— Eh bien! c'est cela, madame, mon filleul, qui s'appelle Louis, s'appellera cinq Louis.

Mademoiselle Théodule fréquentait les vaudevillistes.

IX

UN CHIEN DANS UN JEU DE QUILLES

Geneviève s'était recouchée.

— Avant de descendre, dit-elle à Théodule, donnez-moi de quoi écrire.

Il n'y avait qu'une plume dans la maison ; aussi n'était-elle pas souvent sur la table de Geneviève, car on avait à la cuisine une correspondance beaucoup plus suivie, sans parler des comptes de cuisinière. Théodule alla donc à la cuisine chercher la plume de Geneviève.

— Il n'y a donc qu'une plume ici? dit Geneviève en jetant celle que lui présentait Théodule. Je ne veux pas de celle-là, vous m'en rel monterez une autre.

Il lui semblait que pour écrire à Horace une plume toute vierge exprimerait mieux les sentiments de son cœur.

Une heure après, elle avait écrit trois ou quatre lettres. Voici celle qu'elle mit sous enveloppe :

« Quoi, Horace, vous êtes venu chez m[oi] comme chez la dernière des filles perdues Vous n'avez donc pas deviné qui je suis ? — Qui j'étais ? hélas ! — Vous ne vous êtes don[c] pas souvenu ! — Vous n'avez donc pas sent[i] que je vous aimais ? Horace, Horace, je cri[e] votre nom dans ma douleur, comme si j'appe[l]lais Dieu à moi. Vous m'aviez redonné la vie et vous me donnez la mort. Votre premie[r] baiser, je le sens là, sur mon front, qui m[e] brûle et me glace. Si vous saviez quelle joi[e] j'ai eue en vous voyant ! Je ne sentais jusque[-]là que ténèbres autour de moi. Je voulais des[-]cendre plus loin dans l'abîme, mais la vive lu[-]mière m'est apparue quand vous m'avez parlé[.] Je me croyais sauvée ; me voilà plus perdu[e] que jamais, si vous ne revenez pas ; car je sens que votre amour est ma dernière branche de salut. Vous allez dire que je suis une folle et que je divague. Si vous étiez là, je vous parlerais mieux ; je trouverais le vrai cri du cœur, car c'est mon cœur qui est frappé ; mais je ne sais pas écrire, si ce n'est des phrases toutes faites. Horace, revenez, revenez bientôt, si vous ne voulez pas trouver une morte.

« Geneviève. »

Quand l'enveloppe fut fermée :

— Hélas ! où écrire ? se demanda Geneviève.

A cet instant on sonna ; Geneviève tressaillit, et pourtant elle sentit bien que ce n'était pas M. de la Ferté, aussi elle cria à Théodule de dire qu'elle n'y était pas ; mais déjà Théodule avait ouvert.

— Madame, dit-elle, en soulevant la portière, c'est M. le comte de la Rochelle.

— Je n'y suis pas, vous dis-je.

Mais le comte avait suivi de si près Théodule qu'il était déjà dans la chambre.

— Il paraît, dit-il, que vous n'y êtes pas quand vous êtes couchée, belle paresseuse.

— Ah ! bonjour, mon ami, dit Geneviève. Puisque je suis couchée, c'est que je veux dormir ; soyez bien gentil et allez-vous-en.

— Oh ! que nenni, je n'ai pas monté trois étages pour être mis à la porte. Voulez-vous que je fasse venir à déjeuner ? Cela nous réveillera.

— Non, je ne déjeune plus.

— Eh bien, je déjeunerai seul et nous dînerons ensemble.

— Mais je ne dîne plus.

— Je ne comprends pas. Vous avez donc renoncé à Satan, à ses pommes, à ses œuvres et à ses hors-d'œuvre ?

— J'ai renoncé à tout.

— N'allez-vous pas me dire que vous vous êtes retirée du demi-monde?

— Oui, mon ami. De grâce, ne me questionnez pas. Je rentre ce soir dans ma famille, à moins que je ne me jette à la Seine.

— C'est de la pure démence. Vous avez donc la fièvre? Laissez-moi vous tâter le pouls.

Geneviève tenait à la main la lettre sans suscription.

— Tenez, répondit-elle, ma destinée est là-dedans.

— C'est une lettre que vous venez de recevoir?

— C'est une lettre que je viens d'écrire.

— A qui?

— C'est mon secret; c'est d'autant plus mon secret que je ne sais ni le nom ni la demeure de celui pour qui je l'ai écrite.

— Contez-moi cela, vous savez que je ne suis pas jaloux.

Geneviève regarda M. de la Rochelle pour ne pas lui dire une impertinence; mais elle ne put s'empêcher de parler.

— Vous n'êtes pas jaloux? Et pourquoi seriez-vous jaloux de celles qui ne vous ont pas aimé?

— Je ne comprends pas.

M. de la Rochelle n'était pas un précieux sur le chapitre du sentiment.

— Eh bien, mon cher ami, écoutez cette légende. Un imbécile rencontre dans le monde une femme qui, par mésaventure, a eu une aventure avec lui; un galant homme ne se souvient pas; — mais cet imbécile va droit à cette femme et lui dit familièrement : « Eh bien! ma belle amie, comment cela va-t-il depuis que nous nous sommes aimés? — Je ne vous connais pas, répond la dame. — Comment! vous ne me connaissez pas? s'écrie l'imbécile avec fatuité; mais je vous ai donné ce jour-là les boucles d'oreilles que vous portez encore. » A cette apostrophe, la dame réplique par ce mot sublime dans sa profondeur : — « Puisque vous m'avez payée, monsieur, je ne vous dois rien. » Vous comprenez?

— Je comprends, dit M. de la Rochelle; mais vous ne me faites pas, j'imagine, l'injure de me comparer à cet imbécile?

— Non, mais ne parlez pas de jalousie.

— D'autant plus que je n'ai que de la curiosité. Voyons, dites-moi votre histoire.

— Je vous en parlerai l'an prochain. Aujourd'hui je ne suis qu'au premier chapitre. Adieu, mon ami.

M. de la Rochelle se résigna ; il chercha un mot spirituel pour battre en retraite. Mais il se contenta d'un majestueux silence.

X

UNE CIGALE SUR LE PAVÉ DE PARIS

Tout en causant avec M. de la Rochelle, Geneviève n'avait vu devant elle que la figure d'Horace. « Où le trouver ? » se demandait-elle à chaque instant.

Elle se leva, elle s'habilla en toute hâte, elle courut chez mademoiselle Vingtans. Cette jeunesse éternelle était encore couchée.

— C'est vous, ma belle matineuse : est-ce que vous venez déjeuner avec moi ?

— Peut-être, dit Geneviève.

Elle n'osait encore parler d'Horace. On causa des joies du bal, des ivresses du souper et des péripéties du jeu.

— N'est-ce pas qu'on s'amuse bien chez moi ? A propos, vous avez gagné ?

— Non, j'ai perdu, dit tristement Geneviève qui ne pensait pas au jeu.

— Vous avez perdu, c'est impossible, puisque vous étiez dans le jeu d'Horace, et Horace a gagné cent louis.

Le cœur de Geneviève bondit.

— Horace! dit Geneviève en jouant la surprise, qui est-ce donc?

— Ma foi! je n'en sais pas long sur lui. Il est très gai et il a beaucoup d'argent comptant; voilà pourquoi nous avons salué son entrée. Voyez-vous, ma petite, un homme qui a de l'argent comptant, c'est un prodige. Il y en a qui sont riches en terres et en châteaux, il y a des fils de famille qui seront millionnaires; mais il n'y a de sérieux, parmi nous, que l'argent de poche. Ne me parlez pas de tous ceux qui seront prodigues l'an prochain : nous vivons trop au jour le jour pour attendre le lendemain.

Geneviève n'écoutait pas cette théorie. Mademoiselle Vingtans continua :

— Je vous conseille donc de tenir sous clef Horace, puisque c'est peut-être un coffre-fort.

— Mais je ne le connais pas.

— Allons donc ! il ne faut pas m'en conter, à moi. On m'a dit qu'il était parti avec vous.

— Oui, mais nous nous sommes quittés en route.

— Vous voulez le rattraper?

— Peut-être.

— Ma foi ! je ne suis pas allée chez lui ; je crois me souvenir qu'il descend chez un oncle, rue de l'Université, du côté du ministère de la guerre. Il est arrivé de voyage il y a trois jours : il m'a dit qu'il repartait demain pour la chasse. Si j'avais voulu en savoir davantage, cela m'était bien facile, puisqu'il m'a fait deux doigts de cour. Mais, hier, je n'avais pas le temps de faire mes affaires. Nous allons déjeuner, n'est-ce pas ?

Mademoiselle Vingtans descendit majestueusement de son lit et s'enveloppa d'une robe de chambre à fleurs d'or, un chef-d'œuvre oriental qu'un de ses amis, plus ou moins ambassadeur, lui avait rapporté des Indes.

Geneviève se mit à table et déjeuna d'une aile de perdreau et d'une croûte de pâté.

Survint une gourmande qui arrivait toujours le lendemain de la fête. Celle-ci dévora tout. Elle était si gaie dans son coup de gueule que Geneviève l'envia presque ; elle comprenait que, pour mener cette vie de courtisane, il faut avoir beaucoup d'estomac et presque pas de cœur ; tout juste ce qu'il en faut pour égayer çà et là les aventures.

— Dis donc, Zélia, est-ce que tu ne connais

as Horace? demanda mademoiselle Vingtans la nouvelle venue.

— Oui, j'ai un amant qui le traduit tous les jours.

— Es-tu bête ! ce n'est pas celui-là.

— Je n'en connais pas d'autre.

Mademoiselle Zélia chercha dans ses souvenirs.

— Attends donc, j'en connais trois ou quatre. Par exemple, il y en a un qui est peintre comme Horace Vernet, mais il ne m'a pas fait poser. Il y en a un autre qui est chef de rayon, avec qui j'ai dansé à la Closerie des Lilas ; il y en a un troisième qui a été mon amant, si j'ai bonne mémoire..

— Où demeurait-il ?

— Dans ses terres le plus souvent ; quand il venait à Paris, il descendait chez un de ses oncles, rue de l'Université.

— C'est celui-là. Comment ! il a été ton amant et tu n'en es pas plus riche ?

— Tu sais bien qu'on m'appelle la Cigale, comme on t'appelle la Fourmi ; voilà pourquoi tu donnes des fêtes et pourquoi je viens manger les miettes de ta table. C'est égal, si j'avais eu une robe, je me serais montrée hier.

Geneviève regardait cette fille et se disait tout bas :

— Elle a été sa maîtresse. Elle a tenu le bonheur sous la main, et elle ne l'a pas gardé! C'est qu'elle n'aimait pas Horace.

Et après un silence :

— Et lui, l'aimait-il ?

Mademoiselle Vingtans demanda à la Cigale si Horace était gentil avec les femmes.

— Oui, car il ne compte pas plus que moi ; quand j'étais avec lui, j'avais quatre cents francs de blanchissage par mois ; c'était une orgie de jupons.

— Est-ce que vous vous aimiez ?

— C'est du plus loin qu'il m'en souvienne. Nous nous sommes aimés comme tout le monde, mais gaiement. Être amoureux, ce n'est pas une raison pour se jeter par la fenêtre, ni pour allumer le charbon. Tu sais bien d'ailleurs que j'ai l'amour gai.

C'était une vraie cigale, cette Zélia. Tous les mathématiciens réunis en corps n'auraient pas pu la convaincre que si l'automne suivait l'été, l'hiver suivait de près l'automne. Elle ne croyait qu'au beau temps. Elle allait de l'un à l'autre comme la cigale va d'une touffe d'herbes à une autre touffe d'herbes. Elle était légère, agile, désinvoltée. Il ne lui manquait que des ailes ; quoiqu'elle ne fût pas jolie, elle avait du charme, un air de jeunesse et d'abandon, une expression de la beauté du diable, des yeux à tout allumer et des dents à tout croquer. Elle ne savait pas si l'Académie distribuait des prix Montyon ; sa mère ne lui avait expliqué ni le mot *vertu* ni le mot *devoir;* pour elle la vertu, c'était d'avoir du linge blanc ; le devoir, c'était de faire le mal comme elle eût fait le bien, c'est-à-dire d'être amoureuse avec conscience. Elle n'avait ni amis ni ennemis : on la voyait avec plaisir, on la quittait avec plus de plaisir.

Elle n'avait jamais pris le temps de pleurer. Aussi fuyait-elle toutes les tristesses ; quand on lui parlait des sœurs de charité, elle disait que c'était une légende. Elle n'était ni mauvaise ni bonne, mais elle n'eût pas fait de mal à une mouche, comme elle n'eût pas rendu la liberté à un oiseau.

Ce n'était pas comme la Taciturne, qui, pour jouer le sentiment, s'écriait devant des pigeons à la crapaudine : « Oh ! non, je n'en mangerai jamais, je les aime trop pour ça. »

Cependant Geneviève voyait tomber une à une toutes les cartes de son château ; elle comprit qu'il était bien inutile d'écrire à un ci-devant amant de Zélia ; il avait trop couru les femmes légères pour croire à quelque chose de sérieux chez elles ; elle salua les deux amies et s'en retourna rue de Ponthieu, résignée à y attendre Horace et décidée à ne pas lui envoyer sa lettre.

Sa visite à mademoiselle Vingtans, loin de calmer son cœur, n'avait fait que l'irriter.

— Ah ! comme je l'aime ! dit-elle, quand elle fut seule devant sa cheminée, où elle croyait voir encore la poignée de louis d'Horace.

XI

LES DÉSESPOIRS D'UNE AMOUREUSE

Qu'allait faire Geneviève ? Non seulement elle avait honte de sa vie, mais elle avait honte aussi de sa misère. Je m'explique. Quelques amants d'occasion lui avaient donné de quoi acheter des robes somptueuses; elle avait même des pendants d'oreilles — deux diamants qui valaient bien dix à douze mille francs. Beaucoup d'autres à sa place se fussent imaginé être quasi riches; mais Geneviève ne se faisait pas ainsi illusion : elle était de celles qui croient qu'on ne peut s'humilier jusqu'à être une courtisane qu'à la condition de mener une vie à quatre chevaux. Certes, on n'en est pas moins une coquine, mais au moins on est une coquine de haute volée; on a l'impertinence du mal; on peut se sauver plus ou moins à force de charité; on pave son enfer de bonnes actions.

Geneviève, amoureuse d'Horace, ne voulait

plus de la médiocrité dans l'infamie ; elle se demanda s'il lui serait plus facile de conquérir Horace par un retour à la vertu que par un plus grand éclat dans la vie galante.

Elle était née avec un haut goût; elle avait le sentiment de l'art dans le luxe ; elle comprenait les beaux équipages et les riches intérieurs ; jusque-là elle n'avait pu montrer son amour du style que dans ses robes et ses chapeaux ; elle ne doutait pas que si Horace la voyait dans tout le tapage des existences princières, il ne tombât à ses pieds, fier de son élégance comme de sa beauté. Mais peut-être aussi que s'il la rencontrait dépouillée de son attirail, vêtue comme une jeune fille qui ne veut d'autre luxe que la vertu, il la trouverait plus belle encore.

En rentrant chez elle, Geneviève n'avait pas manqué de demander à mademoiselle Théodule s'il n'était venu personne. Elle se mit à la fenêtre et interrogea toutes les voitures qui passaient devant sa maison. La nuit la surprit à ce spectacle.

— Je suis folle, dit-elle ; pourquoi viendrait-il ?

En effet, il ne vint pas; ni ce jour-là, ni le lendemain, ni jamais.

— J'en mourrai, dit-elle, au bout de quelques jours ; mais je lui enverrai moi-même une lettre de faire part... Et il ne viendra pas à mon enterrement...

Elle se rappela le cimetière de son village.

— L'Amour et la Mort! murmura-t-elle.

Elle vivait comme dans une cellule ; elle avait défendu obstinément sa porte.

Mais elle ne lisait pas *l'Imitation de Jésus-Christ* pour se consoler. Elle trompait son cœur par la lecture des romans les plus passionnés. Comme il y avait du romanesque dans son imagination, elle ne pouvait s'imaginer qu'un jour ou l'autre elle ne reverrait pas Horace.

Pourquoi l'aimait-elle si aveuglément ? Pourquoi lui plutôt qu'un autre : le comte d'Angerville, qui s'était, dit-on, battu pour elle, mais à qui en vérité elle avait donné un coup de poignard ? Horace n'était pas plus beau que ce M. de la Rochelle qui l'avait assassinée de galanteries, pas plus spirituel qu'un grand d'Espagne qui avait voulu l'emmener à Biarritz. Qu'il fût riche ou point, elle n'y prenait garde, car son cœur était alors inaccessible à la question d'argent. Horace s'était imposé comme un conquérant, par la force des choses, ou plutôt par la malice des choses.

Mademoiselle Théodule était désespérée de la conduite de sa maîtresse; elle avait envie de pleurer quand elle fermait la porte aux amoureux. « Madame n'a pas de cœur, disait-elle, elle nous mettra sur la paille. » Elle expliquait aux visiteurs que madame était fort lunatique, mais que la faim ferait sortir le loup du bois. Cette bonne créature ne voulait pas décourager les chevau-légers.

Mais Geneviève se décourageait elle-même. Pourquoi ne revenait-il pas? Il ne lui avait pas dit adieu; était-il possible qu'il la méprisât à ce point de ne pas même lui envoyer sa carte? Tous ceux qu'elle avait connus s'étaient montrés meilleurs compagnons; elle avait encore dans sa jardinière trois ou quatre bouquets qui en témoignaient. « Hélas! disait-elle, il m'a donné une poignée d'or et il croit que je suis payée. Et mon cœur! Ah! je souffre mille morts! Encore si je pouvais lui faire savoir que je ne me suis pas donnée pour de l'argent. »

Elle cherchait à se rappeler l'heure adorable qu'elle avait passée avec lui avant l'heure maudite de ce sommeil qui l'avait ensevelie tout entière. Comment avait-elle pu s'endormir, puisqu'elle était si heureuse? C'est que chez mademoiselle Vingtans, croyant oublier Horace, dans le vague effroi d'une passion qui déjà la prenait au cœur, elle avait bu trois ou quatre coupes de vin de Champagne, elle qui ne buvait jamais que de l'eau !

Plus elle retournait à ses souvenirs, plus elle attisait le feu, parce qu'Horace lui apparaissait de plus en plus charmeur. C'est là le miracle de l'amour dans la solitude. Geneviève n'aurait pu le combattre qu'en se jetant à corps perdu dans toutes les folies parisiennes, courant le Bois, les théâtres et les soupers; mais, chez elle, la même image était toujours sous ses yeux.

Le huitième jour, elle sentit enfin qu'Horace ne reviendrait pas; elle avait gardé bien peu d'espoir dès le premier jour, mais cette fois ce fut le désespoir dans toute son horrible vérité.

Elle souffrait d'autant plus profondément qu'elle ne pouvait confier son chagrin.

Pas un ami qui pût la comprendre, pas une amie qui ne se fût moquée d'elle. Et d'ailleurs elle n'avait ni ami ni amie. Aussi, un soir, ne sachant à qui ouvrir son cœur qui allait éclater, elle prit un petit christ d'argent, emporté de la maison natale, elle l'embrassa avec

effusion et elle s'écria en tombant à genoux :
« Oh ! mon Dieu, mon Dieu ! je suis donc bien coupable puisque vous me condamnez à aimer qui ne m'aime pas ! Faites-moi la grâce de tuer en moi cette passion. Horace ne m'a-t-il pas assez humiliée ? Faut-il que l'amour soit venu pour n'en avoir ni la joie ni l'orgueil ? Suis-je damnée, maudite, puisque ce qui fait le bonheur des autres fait mon désespoir à moi. Je n'ai compris l'amour que lorsque je n'avais plus le droit d'aimer. Ah ! bien heureuses les pauvres filles qui vivent de misère et de sacrifice, mais qui peuvent lever les yeux au ciel sans rougir, qui ressentent l'amour dans toute sa pureté et qui savent que Dieu est avec elles ! Seigneur ! frappez-moi de toutes vos vengeances, mais tuez l'amour en moi. »

Ce qu'il y eut de triste dans cette expansion, c'est que Geneviève mentait au christ d'argent qu'elle tenait dans ses mains et sous ses lèvres; cet amour qui était son martyre, elle l'aimait trop pour vouloir qu'il ne fût plus en elle ; au fond, ce qu'elle demandait à Dieu, comme toutes les amoureuses affolées, c'était de lui ramener celui qu'elle aimait.

A peine avait-elle ainsi poussé ce cri de détresse vers Celui qui console, que mademoiselle Vingtans, bravant la consigne, entra comme un ouragan couleur de rose.

— Eh bien! ma chère Geneviève, lui dit-elle en lui serrant la main, est-ce que vous avez reçu une invitation d'Horace? Nous partons toutes ce soir pour le château d'Amécourt, où il y aura demain chasse à courre, grand dîner et comédie.

— Non, dit Geneviève qui ne comprenait pas bien.

— Ah! j'en suis bien fâchée, car nous aurions fait le voyage ensemble; on dit que ce sera une fête sans pareille. C'est le prince Worowski qui nous rapatrie pour le départ; — train de huit heures; — il paraît que c'est en Normandie. Nous allons bien nous amuser! Voulez-vous que je vous emmène? Puisque Horace a invité trois ou quatre de ces dames, il ne fera pas de façons pour vous recevoir.

— Oh! non, je ne veux pas, murmura Geneviève qui subissait un coup terrible de plus.

« Quoi! se dit-elle à elle-même, il n'a pas pensé à moi! — Mais puisqu'il n'a pensé qu'à des filles, je le remercie! Et pourtant... »

Mademoiselle Vingtans ne fit pas une longue pause; elle allait au Bois, elle ne voulait pas manquer son entrée. C'était la vie la plus occupée du monde. Elle disait que le temps de l'amour c'était l'argent des autres.

— Adieu ! adieu !

Et tendant la main à Geneviève au seuil du salon :

— Oh ! mon Dieu ! lui dit-elle, comme vous êtes ravagée. Quelle vie avez-vous donc menée ces jours-ci ? Il y a quelque passion là-dessous.

— Depuis huit jours, répondit Geneviève, je ne suis pas sortie de chez moi.

Quand elle fut devant la glace du salon, elle se regarda. Elle fut elle-même effrayée de sa pâleur.

XII

LE CHAPITRE DES LETTRES

Quand mademoiselle Vingtans revint du château d'Amécourt, elle retourna rue de Ponthieu et demanda Geneviève. Horace lui avait parlé d'elle; était-elle chargée d'un message? ne venait-elle que lui dire tous les plaisirs de cette fête seigneuriale? La portière l'arrêta dans l'escalier en lui disant :

— Nous n'avons plus mademoiselle Geneviève.

— Comment donc! et où est-elle allée?

— Vous savez, ces dames ne disent jamais où elles vont; ce n'est pas pour mal parler de mademoiselle Geneviève, car elle a été très bonne pour tout le monde.

— Où diable vais-je la trouver?

La portière sembla chercher.

— Ma foi, madame, elle est partie par la rue Matignon, vers le faubourg Saint-Honoré; je n'en sais pas davantage.

— Après tout, bon voyage !

Mademoiselle Vingtans dit ces derniers mots comme une femme qui n'a pas le temps de chercher une amie.

Où était allée Geneviève ? Mademoiselle Théodule elle-même, qui avait eu des larmes de crocodile, n'avait pas reparu. Elle était partie en même temps que sa maîtresse.

La portière rappela mademoiselle Vingtans, pour lui dire que Geneviève avait recommandé de lui garder ses lettres.

— Eh bien ! si elle vient les chercher, vous m'avertirez ; voici ma carte.

Et maintenant, pourquoi M. Horace de la Ferté n'avait-il pas invité Geneviève à cette fameuse chasse quasi féminine au château d'Amécourt? Ces quelques lettres à un ami nous diront l'état de son âme pendant ces huit jours.

« *A monsieur Frédéric Orvins, à Montpellier.*

« Mon cher Frédéric,

« Va tout de suite chez ma mère, et dis-lui que ce n'est pas ma faute si je reste quelques jours de plus à Paris. Je suis comme le sous-lieutenant, accablé de besogne ; tu vas en juger.

« D'abord j'ai commencé par être témoin d'un duel absurde ; une injure pour rire qui s'est lavée au premier sang.

« Ensuite nous avons eu un dîner de funérailles. Gaston va se marier, nous avons chanté le *De profundis* de sa vie de garçon. Hier, je voulais partir ; mais on m'a entraîné à la petite fête de mademoiselle Vingtans. La connais-tu ? C'est une fille qui fait argent de tout ; je ne sais pas chez qui, ni avec qui ; sa petite fête a bien coûté mille francs ; mais elle s'est fièrement rattrapée en faisant la banque au trente-et-quarante. Rien n'a manqué à mon bonheur. J'ai dansé, j'ai soupé, j'ai joué, et j'ai été enlevé par mademoiselle Je ne sais pas qui. A coup sûr, le vin de Champagne était d'une fabrique toute parisienne, car je me suis grisé comme l'avant-dernier des Polonais ; voilà pourquoi ton ami, qui a des habitudes si vertueuses, s'est réveillé au point du jour chez une demoiselle qui sans doute n'était pas une rosière. Elle était brune ou blonde, je n'en sais rien ; c'est à peine si je me souviens qu'elle demeurait rue de Ponthieu. Tout est triste après un feu d'artifice : c'est la même histoire après ces aventures amoureuses. »

Du même au même.

« O Frédéric, ô grand Frédéric, ô ami de Voltaire, continue à être mon ami auprès de ma mère ; dis-lui que je fais pénitence sous ce rude climat de Paris : je suis allé ce matin à la messe ; il est vrai que c'était une messe de mariage. Prouve à ma mère que j'allais perdre mes droits de Parisien si je n'avais fait une station de quelques semaines aux Champs-Élysées, au boulevard des Italiens, à l'Opéra et ailleurs. La mode oblige comme la noblesse. Mais, en revanche, je jure de passer six semaines à Montpellier, à lire les *Confessions* de saint Augustin et le *Martyrologe*. Je lui ai écrit que j'avais vu le ministre, dis-lui bien que c'est sérieux.

« Et puis il ne faut pas qu'elle oublie que le château d'Amécourt est en plein désarroi depuis le départ de ce voleur de Léonce. J'irai ce soir pour y chasser un peu demain avec le garde-chasse et le juge de paix.

« A te parler franc, il n'y aura pas de juge de paix : je puis bien te dire à toi que j'emmène quelques gais compagnons et quelques gaies compagnonnes ; je suis irresponsable, c'est le prince Worowski qui conduit la bande. Les ancêtres vont s'indigner dans leurs cadres, mais tu sais ce que je pense des ancêtres. Ils en ont bien fait d'autres...

« Je dois avouer, pourtant, que si ma mère devait retourner à Amécourt, je ne profanerais pas cette solitude qu'elle a sanctifiée.

« Je fais cette remarque en passant, c'est que nous pensons du mal de toutes les femmes, et que nous pensons toujours que notre mère est une sainte ; or, si toutes les mères sont des saintes, comment toutes les femmes sont-elles des pécheresses ?

« HORACE. »

Du même au même.

« Mon cher ami,

« Je crois que je partirai demain pour Montpellier. Viens me prendre à la gare pour dîner avec ma mère et toi, qui seras le paratonnerre. Je te promets de ne pas conduire une petite Parisienne à Montpellier ; mais que trouverai-je là-bas ? Enfin, il faut bien faire son salut dans les entr'actes de la vie.

« Nous nous sommes fort amusés à Amécourt pendant un jour et une nuit. Jamais [château] n'avait été à pareille fête ; un peu plu[s] les ancêtres seraient descendus de leurs cadre[s] pour danser et boire avec nous.

« Naturellement il n'y avait pas un homm[e] du pays. Nous avons donné à toutes c[es] dames, pour édifier la valetaille, des noms [de] princesses, ou tout au moins de marquise[s]. On a dû trouver que ces grandes dames étaie[nt] un peu gaies ; mais les femmes du monde [ne] donnent pas leur part aux femmes de l'aut[re] monde.

« Veux-tu que je te confie un secret ? C'e[st] que je n'ai pas le cœur content ; je n'avais p[as] invité cette femme qui m'a enlevé chez ma[de]moiselle Vingtans ; il est vrai que je ne [me] rappelais ni son nom ni son numéro ; il e[st] même vrai que je l'avais à peu près oubli[ée]. Mais mademoiselle Vingtans me l'a rappe[lée] en me disant que c'était la plus belle créat[ure] du monde. Il m'est revenu dans l'esprit [et] dans le cœur je ne sais quel souvenir ch[ar]mant de cette aventure imprévue, mais jusq[ue] là ce n'était rien.

« Je suis revenu à Paris, bien décid[é à] retrouver ma princesse ; au débotté, je s[uis] allé chez elle, sur l'indication de mademois[elle]

Vingtans. Hélas! chez elle, il n'y avait plus de chez elle : le bel oiseau bleu s'était envolé!

« Je commence à croire que l'amour c'est l'impossible. Tu ne t'imagines pas comme je suis amoureux de cette fille depuis que je ne puis plus remettre la main dessus. Je la demande à tous les échos d'alentour. Ce qui ne me console pas, c'est que sans doute elle en a enlevé un autre. Eh bien, je suis furieux à cette idée que cet autre m'a pris mon bonheur.

« Ce qu'il y a de plus étrange en ceci, c'est que me voilà quasi affolé d'une fille que je n'ai pas vue, puisqu'on ne voit pas les femmes la nuit, même quand on valse avec elles; ma bêtise est irrévocable, car j'ai couru les photographes à la mode pour demander s'ils n'avaient pas photographié mademoiselle Geneviève, de la rue de Ponthieu. Nul n'a son portrait.

« A la petite fête de mademoiselle Vingtans il n'y avait comme peintre que Gustave Doré, ton ami de 1860. J'ai été lui demander s'il se rappelait mon amoureuse, sous prétexte d'un pari. Je lui ai dit que j'avais parié qu'elle était blonde. « Je me souviens bien de sa figure, « m'a-t-il dit, elle était blonde ce soir-là; mais « qui sait si elle n'était pas brune le lendemain.

« Comme je n'ai pas valsé avec elle, vous e
« savez plus que moi. »

« On lui avait dit que nous nous étions e[n]
levés. Tout en causant, il dessina la figure [de]
Geneviève dans sa grâce de déesse traînan[t]
une robe à queue des plus volumineuse[s]
penchant sa tête pensive comme une fille q[ui]
a quelque chose là.

« J'ai emporté le dessin, un simple croqu[is]
dont je lui ai offert vingt-cinq louis. « Vo[us]
« les lui donnerez, m'a-t-il dit, quand vous [la]
« rencontrerez. »

« Je ne demande que cela ; mais où la re[n]-
contrer ? D'ailleurs, si je la voyais, la reco[n]-
naîtrais-je ? Je ne crois pas. Je t'avouerai q[ue]
ce dessin de Gustave Doré est fort beau ; ma[is]
c'est une transfiguration. Au lieu de me rap[pe]-
ler cette Geneviève d'Or, il me la masque plut[ôt].

« Vois-tu, mon cher ami, les plus bea[ux]
portraits du monde, qu'ils soient de Cabar[el]
de Carolus Duran, de Cot, de Clairin ou d[e]
autres, ne valent pas pour un amoureux l[a]
dernière des photographies. Ils ont beau mett[re]
en relief tous les caractères de la figure, tou[tes]
les lignes, tous les tons, toutes les nuance[s]
ils ne donnent pas cette expression intime q[ui]
est l'âme même de la personne.

« La photographie révèle pour ainsi dire la pensée secrète. Tu te rappelles la petite Alix ? Elle avait un beau portrait peint et un beau pastel : eh bien ! quand tu pleurais, ce n'est pas ses portraits que tu regardais, c'étaient ses photographies, car ses portraits étaient à cent lieues, tandis qu'elle parlait encore dans ses photographies.

« Tu vas dire que je perds la tête à mon tour. C'est bien possible ; si par hasard tu rencontres Geneviève, arrête-la par la main et dis-lui que je cours à elle.

« Je t'embrasse.

« HORACE. »

On donnera ici une quatrième lettre, non pas d'Horace cette fois, mais de mademoiselle Vingtans à M. le comte de la Rochelle, à Monaco.

« Mon cher Comte,

« Le désert s'est fait à Paris depuis votre départ. Nous avons perdu du même coup le baron, qui est reparti premier secrétaire d'ambassade ; le beau Fernand, qui est tombé sous-préfet, et Horace de la Ferté, qui a enfin pris le train du Midi. Pas un gentilhomme sous la main !

« Sans doute M. de la Ferté ira à Monaco. Ne lui parlez pas de Geneviève d'Or légèrement, car il vous donnerait un coup d'épée. Ils sont amoureux comme des écoliers. Que s'est-il passé? C'est là le mystère. Il paraît qu'ils se cherchent tous les deux, mais n'est-ce pas une manière?

« Peut-être, après tout, que cette grande médaille antique est partie pour un autre rivage. Il y en a plus d'une à cette heure qui cherchent des diamants dans les neiges de la Russie. C'est tout de même dommage : celle-ci eût fait fortune à Paris, si elle m'avait écouté, mais elle était rebelle à toutes les bonnes raisons. Croiriez-vous que cette capricieuse-là a refusé un jour le baron avec son billet de mille francs, sous prétexte qu'il a une taie dans l'œil? C'est elle qui a une paille dans l'œil.

« Les journaux s'occupent toujours de moi. On a cité mon dernier mot. Je disais au théâtre que Gaston ne tenait à rien. Mathilde s'est écriée : « — Il tient à moi ! — Donc il ne « tient à rien ! » Mathilde ne me pardonnera pas cela. Elle me gardera une dent, et elle les a toutes gâtées !

« Rien de plus nouveau. Cherchez Geneviève à Monaco. On a imprimé l'autre jour qu'une belle créature, pas trop mal mise, avait été trouvée à la Seine, et qu'on l'avait exposée à la Morgue entre deux tableaux des refusés ; j'ai pensé à Geneviève ; je voulais aller à la Morgue, mais j'ai eu peur de ne pas dormir. Et, d'ailleurs, je n'ai pas une heure à moi, et vous savez que, dans le monde des affaires, le temps c'est de l'argent, surtout aujourd'hui où la politique nous coupe l'herbe sous le pied. Si vous êtes heureux là-bas, répondez-moi par un joli billet de mille, ce qui vous dispensera de mettre la main à la plume, et ce qui me paraîtra plus éloquent.

« Une ligne pourtant pour me dire que vous m'aimez toujours.

« Je voudrais bien aller à Monte-Carlo comme tout le monde, mais les affaires ! Comme dit M. Proudhon, les affaires sont les affaires.

« Je vous donne ma patte à baiser.

« VINGTANS. »

On voit que mademoiselle Vingtans confondait Proudhon et Prudhomme. Elle était

d'ailleurs de celles qui disent quand on parle
de la vieillesse d'un grand homme : « Est-
ce que Molière est mort ? ce malade imagi-
naire ! »

On peut juger, par ces quatre lettres
comment Geneviève, après avoir été si profondément oubliée, était venue au cœur de
M. de la Ferté.

Il était resté à Horace une saveur par lui
inconnue jusque-là. Son âme avait soif d'amour
et ses bras voulaient s'ouvrir. Il voulait ressaisir son beau scepticisme évanoui. L'amour ne
joue jamais qu'à l'imprévu ; nous sentons la
blessure, mais nous ne savons pas comment
elle a été faite. Celui qui raisonne avec l'amour
commence et finit par déraisonner.

Quand Horace fut avec sa mère, il s'étonna
de tant regretter Paris ; mais il s'avoua bientôt
que c'était le souvenir de Geneviève qui le
rappelait là où elle n'était peut-être pas. Une
profonde mélancolie avait couvert son âme
comme un linceul ; il lui semblait que cette
vague image de Geneviève était une image
perdue de sa jeunesse.

— As-tu aimé sérieusement ? demanda-t-il
un jour à son ami Frédéric Orvins.

— A en mourir !

— Eh bien! je ne sais pas si l'amour aime la mort, mais je te jure qu'il me serait doux de m'endormir à jamais sur le sein de cette belle fille que j'ai perdue.

— Tu n'avais donc jamais aimé?

— Non, pas pour deux sous. Mais je sens aujourd'hui que la vie à deux, c'est la vie. Prendre dans ses bras une belle créature pour l'appuyer sur son cœur, pour lui dire tout ce qu'on a dans l'âme, pour regarder avec elle dans les étoiles, que sais-je! pour s'aventurer à son tour dans toutes les bêtises sentimentales d'une passion à perte de vue : c'est là le bonheur. Tout le reste n'est qu'un rêve de vanité. Bêtises pour bêtises, j'aime celles de l'amour. Il faudra que je retrouve cette Geneviève.

— J'ai bien peur que tu ne sois plus amoureux d'elle quand tu la retrouveras.

Quelques jours après, madame de la Ferté disait à son médecin :

— Veillez donc Horace; je ne le reconnais plus, tant il est distrait et tant il s'attriste.

— Que voulez-vous ? madame, dit le médecin, on ne va pas impunément à Paris. Mariez-le, ça se passera.

XIII

LES ROBES DE GENEVIÈVE

Quand Horace de la Ferté revint à Paris, sa première visite fut pour mademoiselle Vingt-tans.

— Bonjour, mon bel oiseau, lui dit-elle, vous revenez avec le soleil, comme les hirondelles.

— Oui, et à peine arrivé, je tombe chez vous.

— Pourquoi? Parce que mon petit doigt m'a dit que vous aviez encore la tête tournée vers cette Geneviève dont on n'a ni vent ni nouvelles. N'est-ce pas que vous venez pour savoir si je ne sais rien? Eh bien! Geneviève n'a pas reparu. — Mais pourtant, si vous voulez avoir un souvenir d'elle, vous arrivez à temps.

— Comment cela?

— C'est qu'on vend demain toute sa garde-robe à l'hôtel Drouot.

— Expliquez-moi cela.

Il semblait qu'Horace eût retrouvé le chemin de la terre promise, tant sa figure s'illumina.

— Je crois, entre nous, que sa femme de chambre, une jolie fille, qui avait été ma cuisinière et qui fut notre trait d'union, a hérité de sa garde-robe. J'ai écrit au commissaire-priseur de m'envoyer cette fille; mais elle n'est pas venue encore. C'est le hasard qui m'a annoncé cette vente. Ma couturière, qui a fait une des robes de Geneviève, m'en a parlé hier, avertie qu'elle était par une marchande à la toilette. C'est tout justement cette robe qu'elle portait ici quand vous avez dansé avec elle. Vous savez, cette robe bleu et or, mais un bleu ! mais un or ! Et puis des ramages rehaussés, un vrai miracle des Indes avec toute l'histoire de Don Quichotte en médaillon. Oh ! les jolis moulins ! Comme on a envie d'y jeter son bonnet ! Et c'est madame Laferrière qui a dessiné cette robe un jour d'inspiration. Je vous dis un chef-d'œuvre de robe!

Horace avait écouté très patiemment la description de cette robe qui se peignait ainsi mieux dans son souvenir.

— Faites-moi donc le plaisir, ma chère amie, de m'acheter cette robe demain.

— Voilà une idée !

— Oui, une idée biscornue, mais je n'en ai jamais d'autres.

— Oh ! êtes-vous assez amoureux. Par quoi diable vous a donc pris cette fille ?

— Si je le savais, je ne l'aimerais pas.

— Eh bien ! on vous achètera cette robe. Jusqu'où voulez-vous aller ?

— Jusqu'au bout.

— Mais vous ne savez donc pas qu'à cause des agréments, cette robe pourrait bien monter jusqu'à sept ou huit cents francs ?

Horace prit dans son porte-monnaie un billet de mille francs.

— Tenez, ma chère amie, voilà des arrhes.

Mademoiselle Vingtans avait déjà reluqué le billet de mille francs, en se promettant d'en garder sa part, peut-être la meilleure part. Aussi joua-t-elle comme un ange le désintéressement.

— Mon cher Horace, pourquoi ne faites-vous pas vos affaires vous-même ?

— Voyez-vous cela ? j'irais me donner ainsi en spectacle ! Mais, après tout, si vous ne voulez pas aller à la vente, j'y enverrai quelqu'une de mes amies.

A cette proposition, mademoiselle Vinglans jeta le billet de mille francs sur sa cheminée, comme s'il était bien à elle

— Non, puisque je vais à la vente. Il y a une robe de chambre orientale que je voudrais acheter pour moi ; c'est merveilleux. Si on la donne pour mille francs, je ne ferai pas une folie, car il y a pour plus de mille francs d'or fin.

— Achetez-moi aussi celle-là ! s'écria Horace qui était un entraîneur, mais qui se laissait entraîner avec la même passion.

— Enfin, mon ami, j'achèterai toujours pour moi la robe orientale ; si vous en voulez nous ferons une affaire.

— Oh ! femme d'affaires !

On se sépara sur ce mot.

Le lendemain, à deux heures, maître Oudard, qui avait deux ventes ce jour-là, frappa les trois coups de son marteau sur son trône de la salle n° 6 de l'hôtel Drouot, pour annoncer à son public que le spectacle allait commencer.

Son public se composait de sept ou huit marchandes à la toilette qui avaient pris les premières places, de quelques femmes entretenues éparpillées çà et là, de curieux qui n'achètent jamais mais qui viennent là à peu près comme ils vont au tribunal, de plusieurs amateurs égarés qui attendent l'heure de l'occasion.

Mademoiselle Vingtans était venue avec la Cigale et la Roche-Tarpéienne; on lui avait donné un fauteuil d'honneur au pied du bureau; elle secouait à toutes les minutes son mouchoir imprégné de Jockey-Club pour parfumer l'atmosphère. Je ne dis pas quelle atmosphère.

XIV

UN AUTO-DA-FÉ

Le commissaire-priseur fit un speech fort bien troussé.

— Mesdames, dit-il, — car il comprit bien que les hommes n'étaient là que pour la forme, — nous allons vendre de deux à trois heures la garde-robe de mademoiselle Geneviève de je ne sais quoi. Cette garde-robe ferait honte à la patronne de Paris, qui se contentait d'une houlette. Je ne sais pas si mademoiselle Geneviève était comme elle de Nanterre ; peut-être, après tout, y a-t-elle été couronnée rosière, mais nous ne vendons pas sa couronne. Ne faites pas attendre les enchères, car nous irons vite ; à trois heures précises, il nous faudra passer à la vente des porcelaines du Japon. Voyons, mesdames, voilà d'abord, pour commencer par le commencement, douze paires de bottines plus ou moins mordorées. — A qui le pied ? Un vrai pied de Cendrillon, trente-six francs les douze paires. — Une fois, deux fois, — quarante francs ! — Personne ne dit mot ?

A cet instant, un monsieur, un vrai gentleman à moitié caché au fond de la salle, fit un signe de tête au commissaire-priseur.

— Cinquante francs ! une fois, deux fois.

— Cinquante-cinq francs, soixante francs. Ce n'est encore que cinq francs la paire ! — Toutes les femmes qui ont un joli pied devraient le montrer ici. — Soixante-dix francs ! quatre-vingts francs ! C'est pour rien. — Songez que toutes ces bottines p ent la marque de Ferry, un nom célèbre, 1. dames, depuis le 4 Septembre ! — Une fois, deux fois, cent francs ! Personne n'en veut plus ? — C'est dit. c'est entendu, cent francs ! — Adjugé !

Et le commissaire, parlant au crieur, lui dit :

— Priez ce monsieur qui est là-bas de vous donner sa carte.

Vous avez reconnu ce monsieur qui était là-bas. C'était Horace, que le démon du cœur avait poussé à la salle des Ventes.

Tout le monde le regarda; il fut d'abord quelque peu — « embêté » — il n'y a pas d'autre mot; mais il tint haut la tête et sembla défier les sourires des marchandes à la toilette.

— C'est sans doute, dit l'une d'elles, un monsieur qui va prendre un fonds de commerce.

— Tais-toi, dit une autre, c'est celui qui a payé la note des bottines ; il veut se rattraper.

Le crieur, qui ne voulut pas être en retard avec ces dames, demanda gravement à Horace, par-dessus tout le monde, s'il emportait les bottines séance tenante.

Cependant on criait les chapeaux ; il y en avait tout juste autant que de paires de bottines.

— Mesdames, dit le commissaire-priseur, il paraît qu'ici tout va à la douzaine. Voyez les jolis chapeaux ! Rien qu'à compter les plumes il y en a pour douze cents francs. — Voyons, messieurs, qui veut être coiffé ? il y a des plumes de paon. — Voyons, mesdames, il y a des plumes d'autruche ; il y a même des oiseaux tout entiers ; on se croirait ici au Jardin d'acclimatation.

Le commissaire-priseur regardait mademoiselle Vingtans, comme s'il s'acclimatait parmi ses nouvelles clientes.

Ce fut pour les chapeaux comme pour les bottines ; seulement on les poussa jusqu'à près de cinq cents francs ; ce fut naturellement Horace qui dit le dernier mot.

Il aurait bien voulu charger mademoiselle Vingtans de cette besogne d'enchérir sur tout, mais il ne pouvait franchir la quadruple haie qui les séparait. Peu familier à l'hôtel des Ventes, il ne savait pas que les malins ou les habitués passent par la pièce voisine pour arriver près de l'estrade du commissaire-priseur. Heureusement pour lui, sa belle amie lui fit signe qu'elle allait donner sur les robes.

Ce fut un vrai combat: les marchandes à la toilette, furieuses de n'avoir rien eu jusque-là, se montèrent le coup et poussèrent les robes comme elles eussent fait chez Worth. Mademoiselle Vingtans, qui avait pris son parti de ne plus rien gagner sur le billet de mille francs puisque Horace était là, enchérit follement.

Elle n'y allait pas par cent sous, mais par cinq louis. Toutes les robes lui restèrent. La robe de bal bleu et or lui fut adjugée à treize cents francs, la robe orientale monta jusqu'à deux mille six cents. Une vraie *furia*.

Les marchandes à la toilette n'eurent que les jupons.

Les chemises de batiste, vendues une à une — il y en avait douze, toutes garnies de valenciennes — se vendirent mille francs; ce fut encore pour Horace.

— Décidément, dit une cocotte, ce monsieur-là va se marier et mettre tout ça dans la corbeille.

A la fin de la vente, Horace s'approcha du commissaire et le pria d'envoyer ce qu'il avait acheté chez mademoiselle Vingtans. Il paya sans compter. Quoiqu'il s'efforçât de prendre un masque railleur, il était fort ému.

Le commissaire l'avertit qu'il ne recevrait ses achats que le lendemain matin.

— C'est trop tard, dit Horace; ne puis-je les avoir tout de suite ?

Le commissaire-priseur donna des ordres pour qu'Horace fût obéi.

Mademoiselle Vingtans était un peu plus loin qui causait avec ses amis. Il alla vers elle et la pria de faire emporter les robes, les chemises, les chapeaux et les bottines.

— Dans une heure, ajouta-t-il, je serai chez vous.

— Vous savez que j'ai toujours vos mille francs ?

— Je sais que vous êtes une honnête femme.

— C'est toujours cela.

Quand Horace fut chez mademoiselle Vingtans, le fiacre qui amenait les achats de l'hôtel des Ventes n'était pas encore arrivé.

— Vous me donnerez la robe d'or ? lui dit la dame.

— Non, lui dit Horace, achetez-en une, si vous voulez, avec le billet de mille francs.

Quelques minutes après, la femme de chambre apporta une brassée de robes. Horace les lui prit des mains et les serra doucement sur son cœur comme si ce fût Geneviève elle-même.

— Oh! la belle folie! s'écria mademoiselle Vingtans, qui fut émue, contre son habitude, tant le mouvement d'Horace était passionné.

— Si vous saviez, lui dit-il, comme je respire là dedans le bonheur évanoui! Les robes de la femme aimée gardent je ne sais quoi de son âme, de sa jeunesse, de son parfum. Ce n'est rien, et c'est tout. Cette pauvre fille est morte sans doute. Je veux garder ces souvenirs pour ne pas oublier le meilleur moment de ma vie.

Et Horace embrassait toujours les robes.

— Vous êtes tout à fait fou, dit mademoiselle Vingtans qui aimait à jeter de l'eau sur le feu. Vous avez des illusions à faire mourir de rire. D'abord vous n'avez pas aimé Geneviève.

— Je ne l'ai pas aimée! Qu'est-ce donc que l'amour? J'ai vingt-cinq ans, je donnerais les dix plus belles années de ma vie pour la retrouver et vivre dix années avec elle.

— Elle ne voudrait peut-être pas !

— Si, car je sens bien qu'elle m'eût aimé. Elle a eu pour moi des douceurs, des cris de passion, des larmes qui m'ont d'abord semblé des expressions de comédie ; mais quand j'y ai bien repensé, je n'ai pas douté que ce ne fussent des sentiments vrais. Vous qui jouez si bien votre jeu, vous n'arriveriez jamais à cette note-là.

— Oui, mais aujourd'hui que Geneviève est introuvable, que diable ferez-vous de toutes ces reliques ?

— Oh ! mon Dieu, je n'en sais rien ; car je ne puis pas les porter chez moi.

— Allez-vous donc louer un appartement pour loger ces douze paires de bottines ?

— Oh ! mon Dieu, si vous en voulez onze paires, je vous les offre de tout mon cœur.

— Que voulez-vous que je fasse de tout ce régiment ?

— Oui, je ne sais pas ce que je dis ; d'autant plus que celles qui sont toutes neuves sont trop grandes pour vous.

Mademoiselle Vingtans n'aimait pas qu'on se moquât de ses pieds.

— Je sais bien que je ne suis pas une Cendrillon !

Horace avait pris un parti. Il décida qu'il brûlerait onze paires de bottines et onze chapeaux; il ne voulut que garder la robe de bal et la robe de chambre, qu'il connaissait bien. Il crut reconnaitre aussi une des chemises de nuit.

— Tout le reste, dit-il, je vais le jeter au feu.

— Vous avez bien raison, car vous vous trouveriez trop ridicule dans six mois.

Mademoiselle Vingtans passa encore une fois en revue toute la garde-robe.

— Au lieu de brûler tout cela, reprit-elle, vous feriez mieux de faire le généreux avec ma femme de chambre.

— Jamais! s'écria Horace... Quoi, votre femme de chambre irait mettre ses pieds et sa tête dans les bottines et dans les chapeaux de Geneviève !

La dame se mit à rire.

— Ce serait une profanation, n'est-ce pas?

— Oui. — Je sais que vous allez me trouver bête comme tout; mais j'ai au moins une bonne note dans mon caractère, c'est de faire ma volonté quand c'est le cœur qui parle. Mon cœur ne m'a jamais trompé.

— Vous êtes bien heureux ! Mon cœur à moi me trahit tous les jours. Enfin, vous êtes le maître, brûlez, brûlez encore, brûlez toujours. Je regrette de n'avoir pas ici un brûle-parfum.

Horace remuait les robes tour à tour.

— Si cela vous ennuie, j'irai finir l'auto-da-fé dans un hôtel meublé ?

— Pas du tout. Allumez le feu sacré dans ma cheminée. Il n'y a rien que je ne fasse pour vous.

Horace jeta un chapeau au feu.

— Attendez donc, dit mademoiselle Vingtans ; ne brûlons ni les plumes, ni les oiseaux, je ne veux pas faire la cuisine ici.

Elle saisit le chapeau qui allait flamber, pour en arracher un oiseau du paradis.

— C'est bien, dit Horace. Je vous offre de tout mon cœur le plumage et la dentelle.

Mademoiselle Vingtans eut bientôt dépouillé tous les chapeaux.

Ce ne fut qu'une flambée. Horace regardait tristement tous ces légers vestiges d'un jour de coquetterie.

— Oh ! mon Dieu, dit tout à coup mademoiselle Vingtans, voilà un cheveu ! le voulez-vous ?

— Oui, pour savoir si décidément Geneviève était brune ou blonde.

— C'est un cheveu blond; mais qui vous prouve que ce n'est pas un cheveu teint?

— Non, vous voyez bien qu'il a toute la souplesse d'un cheveu vierge.

Mademoiselle Vingtans s'arracha un cheveu.

— Tenez, voilà un cheveu décoloré, n'est-il pas aussi fin et aussi souple?

— Est-ce un de vos cheveux?

— Comment donc! Vous voyez bien que ma perruque est là-bas sur ma toilette. En voulez-vous une mèche? car je ne donne jamais à mes amants que de ces mèches-là.

La dame aurait bien voulu dépouiller les robes comme elle avait dépouillé les chapeaux, mais Horace les brûla si vite, tout en les étouffant çà et là de sa canne, pour que le feu ne prît pas à la cheminée, qu'elle n'eut pas le temps d'arracher beaucoup de dentelles, de bouquets et de rubans. Elle cachait son dépit, mais c'était pour elle un vrai crève-cœur. Elle finit par s'irriter; elle sonna et ordonna à sa femme de chambre d'aller brûler les bottines dans la cuisine, ne voulant pas que son salon fût empoisonné.

— Et maintenant, dit-elle avec amertume à Horace, si vous voulez recueillir des cendres, les voilà toutes blanches.

Horace, qui voyait bien ce qui se passait dans l'âme de son amie, ne put s'empêcher de lui dire :

— Voyons, seriez-vous plus contente si je vous disais de faire un peu plus de cendres en jetant là-dessus le billet de mille francs que je vous ai donné hier?

— Je ne suis pas si bête que vous, je ne le brûlerais pas. Je n'ai pas d'argent à perdre, moi; vous m'avez donné mille francs pour aller à la vente, n'y suis-je pas allée?

Horace pensa une fois de plus à Geneviève.

— Oh! Geneviève, Geneviève, dit-il; je suis sûr que tu n'étais pas une femme d'affaires, toi !

XV

CE QUE M. DE LA FERTÉ TROUVA DANS LA ROBE DE CHAMBRE DE GENEVIÈVE

Mademoiselle Vingtans se radoucit.

— J'ai oublié, mon cher Horace, de vous dire une chose qui vous fera plaisir.

— On oublie toujours de dire ces choses-là.

— Voilà ce que c'est; écoutez bien. Cette Théodule qui servait Geneviève, et qui a disparu aussi, a conté une histoire touchante qui ne m'a pas touchée du tout. Il paraît que vous aviez été généreux avec Geneviève, car vous avez jeté des poignées d'or sur sa cheminée.

— C'était tout simple; nous avions joué ensemble et nous avions gagné : je lui ai donné sa part.

— Eh bien, mon cher ami, cet or, elle l'a donné aux pauvres.

— En vérité ?

— C'est la légende de la rue de Ponthieu,

reprit mademoiselle Vingtans. Dans tous les cabarets et chez toutes les portières on ne parle que de cette belle action.

— C'est bien, cela !

L'œil d'Horace brillait. Il était ému jusqu'aux larmes ; un peu plus il eût embrassé mademoiselle Vingtans pour lui avoir conté cette histoire.

La dame riait de toute cette folie.

Une troisième fois, Horace reprit les deux robes et les pressa dans ses bras.

Ce fut alors qu'il sentit quelque chose dans la poche de la robe de chambre ; il y mit rapidement la main, et en tira un mouchoir et une lettre.

Le mouchoir, il le porta à ses lèvres et le baisa.

— C'est à la violette, dit mademoiselle Vingtans, qui avait le nez fin.

Horace avait lu le chiffre : un G et un O entrelacés et surmontés d'une couronne de marquise.

— C'est bien cela, dit mademoiselle Vingtans. Le G ça veut dire Geneviève, l'O ça veut dire un nom que je ne connais pas. La couronne, ça veut dire qu'elle jouait aux armoiries, comme toutes celles qui n'ont pas de nom.

— Qui sait? dit Horace. Elle avait un grand air. Il n'y a pas que les filles de portières qui ont des aventures.

Horace remit la main dans la poche de la robe.

— Il y a peut-être autre chose. Tout justement, voici une lettre.

Horace ne regarda pas cette lettre, tant il était ému et tant il avait peur de trouver un billet doux de quelque amoureux impertinent.

— Mais cette lettre ne m'appartient pas.

— Allons donc, dit mademoiselle Vingtans qui voulut saisir la lettre, vous l'avez payée assez cher comme ça. Voyons, c'est amusant, lisons ce chef-d'œuvre.

Horace avait regardé la suscription.

— Ah ! voilà qui est étrange, dit-il avec une pâleur subite; mon nom est là-dessus !

— Eh bien ! raison de plus pour la lire.

— Oui, mais il y a plusieurs Horace.

— Oui, dit la dame, il y a les trois Horaces, comme il y a les trois Curiaces; mais je ne suppose pas que le billet doux soit pour un de ceux-là ! Eh bien, vous ne l'avez pas encore ouvert ?

— Je me demande si je rêve, ma chère amie.

Horace prit son chapeau.

— Quoi ! vous vous en allez ?
— Oui.
— Où ? à Charenton ?
— Je ne sais pas.

Et voilà Horace parti. Mademoiselle Vingt-ans le poûrsuivit dans l'antichambre.

Mais il ne répondit pas et s'envola.

Il marcha d'un pas rapide jusqu'aux Champs-Élysées, il s'isola sous le premier grand arbre venu et y lut la lettre de Geneviève, comme si c'eût été l'action la plus mystérieuse du monde. Cette lettre, c'était celle que nous avons lue déjà, mais nous allons la relire encore avec Horace.

« Quoi, Horace, vous êtes venu chez moi comme chez la dernière des filles perdues ! Vous n'avez donc pas deviné qui je suis ? — qui j'étais, hélas ! — Vous ne vous êtes donc pas souvenu ! — Vous n'avez donc pas senti que je vous aimais ? Horace, Horace, je crie votre nom dans ma douleur, comme si j'appelais Dieu à moi. Vous m'avez redonné la vie et vous me donnez la mort ! Votre premier baiser, je le sens là, sur mon front, qui me brûle et me glace. Si vous saviez quelle joie j'ai eue en vous voyant! Je ne sentais jusque-là que ténèbres autour de moi. Je voulais descendre plus loin dans l'abîme, mais la vive lumière m'est revenue quand vous m'avez parlé. Je me croyais sauvée; me voilà plus perdue que jamais, si vous ne revenez pas; car je sens que votre amour est ma dernière branche de salut. Vous allez dire que je suis une folle et que je divague. Si vous étiez là, je vous parlerais mieux; je trouverais le vrai cri du cœur, car c'est mon cœur qui est frappé; mais je ne sais pas écrire, si ce n'est des phrases toutes faites. Horace, revenez, revenez bientôt, si vous ne voulez pas trouver une morte.

« GENEVIÈVE. »

Horace n'était pas un pleurard; mais en reconnaissant des traces de larmes sur cette lettre qui était un cri du cœur, il versa lui-même deux belles larmes.

Geneviève était devenue plus une âme qu'une femme pour lui.

Il retomba peu à peu sur la terre. Il reconnut qu'il était tout à fait fou. Il se demanda s'il n'était pas le jouet d'un rêve. Il n'était pas superstitieux, mais il croyait bien un peu aux sortilèges de l'amour. Comment une courtisane avait-elle, en un instant, troublé son cœur et son esprit? Par quel charme inouï avait-elle vaincu son scepticisme? « Il y a là, dit-il, la force de l'Inconnu. »

Comment n'eut-il pas une seule fois le souvenir de Geneviève d'Ormoy, en pensant à Geneviève d'Or?

ns d'un mondain
LIVRE III

LES AMOURS RUSTIQUES D'UN MONDAIN ET D'UNE MONDAINE

I

OU GENEVIÈVE D'OR REDEVIENT GENEVIÈVE D'ORMOY

Cependant Horace ne pouvait pas toujours aimer une femme qu'il avait à peine entrevue, quand elle était toute barbouillée de poudre de riz, une femme qu'il n'avait pas vue une seule fois depuis qu'il l'aimait. Pas une seule fois ! Pas un seul portrait ! A peine une vague image qui fuyait toujours dans son souvenir. Il avait baisé la lettre de Geneviève, il avait pressé ses robes sur son cœur, mais il se laissa bientôt reprendre aux folies parisiennes comme tous les gais compagnons de son âge.

Mademoiselle Vingtans le montrait çà et là du doigt comme un original qui s'était pasionné pour l'impossible et pour la chimère. Il avait fini par rire lui-même de sa démence : un songe dramatique, quand on est réveillé.

Mais voilà qu'un jour, plus d'un an après, comme il était retourné chez sa tante, au château de la Ferté, pour passer toute une semaine avec la bonne femme, il monte à cheval et prend le chemin vert qui conduit droit au village d'Ormoy.

S'il avait presque oublié sa maîtresse d'une nuit, il avait bien plus oublié encore l'apparition romanesque de cette jeune fille doucement attristée qu'il avait vue et qu'il avait saluée à la porte du cimetière d'Ormoy. Il n'avait pas aimé celle-là comme font les poètes qui se passionnent pour les étoiles, mais le tableau lui était resté dans l'imagination avec toute sa fraîcheur rustique.

Aussi ne fut-il pas surpris de retrouver la même jeune fille appuyée, comme il l'avait déjà vue plus d'une année auparavant, contre un des piliers de la porte du cimetière d'Ormoy.

Elle était plus triste encore. Il semblait que ce fût la Muse des morts, tant sa figure exprimait le désenchantement.

Horace se demanda pourquoi. Elle était jeune. Elle était belle. Était-ce un chagrin d'amour ? Était-ce une mère ou une sœur que le cimetière lui avait prise ?

Horace la salua comme une ancienne connaissance.

Il arrêta son cheval devant elle, voulant lui parler. Mais lui qui avait la hardiesse d'un page devant toutes les femmes, il se senti intimidé devant la gravité mélancolique de la jeune fille.

— Madame, lui dit-il d'un air ému, permettez-moi de vous saluer en voisin.

Il est inutile de vous dire combien le cœur de Geneviève battait. Horace ne l'avait pas reconnue, mais elle avait reconnu Horace de plus loin qu'il s'était montré.

Geneviève vit tout de suite que si Horace reconnaissait en elle la jeune fille de l'an passé, il ne reconnaissait pas la courtisane du bal de mademoiselle Vingtans.

Il avait parlé ; il attendait une réponse.

Mais Geneviève le regardait en silence.

Il lui était impossible de trouver un mot. Si elle n'eût été soutenue par le pilier de la grille, elle fût tombée sur l'herbe.

— Pardonnez-moi, madame, si je vous parle sans avoir eu l'honneur de vous être présenté mais, à la campagne...

Il essaya de rire.

— Oui, murmura Geneviève, les voisins de campagne ne font pas de façons, puisque le plus souvent ils ne se reconnaissent pas à Paris.

— Est-ce que vous avez habité Paris, mademoiselle ?

— Oh ! il y a si longtemps ! répondit Geneviève à mi-voix, pour ne pas appuyer sur ce mensonge.

Horace avait mis pied à terre.

— Eh bien, mademoiselle, je vous jure que si je vous rencontrais à Paris, je ne ferais pas de façons pour causer avec vous.

Geneviève se mordit les lèvres.

— Pardonnez-moi, mademoiselle ; je ne voudrais rien dire qui pût vous blesser. Mais j'ai l'habitude de dire les choses comme elles me viennent. Il n'y a qu'avec les imbéciles qu'on prend des mitaines. Je me suis senti pour vous une très respectueuse sympathie, j'ai voulu vous l'exprimer. Je ne vois âme qui vive dans ce pays fort abandonné. Je suis trop heureux d'avoir pu saluer une jeune fille ou une jeune femme telle que vous.

Certes, Geneviève ne voulait pas se fâcher. Elle était trop heureuse de cette rencontre pour prier Horace de remonter à cheval.

Elle gardait le silence, mais sa figure s'était illuminée d'un sourire.

— Comment diable, madame, pouvez-vous vivre ici ? Est-ce une passion pour la solitude ?

— Mais, monsieur, c'est mon pays.

— Ah ! oui, dit Horace, comme éclairé d'une idée oubliée, ma tante m'a dit l'an passé qui vous étiez... mademoiselle d'Ormoy, n'est-ce pas ?

Geneviève salua en rougissant.

— Je dois vous avouer, mademoiselle, qu'après notre première rencontre, je vous ai rêvée à Paris comme le plus radieux souvenir de ma jeunesse.

— Oh ! des phrases ! dit Geneviève ; vous avez mille souvenirs comme celui-là !

— Je vous jure que non, dit Horace. Je suis fort dédaigneux de tout ce qui ne frappe pas mon cœur. Mais je crois fermement qu'après avoir traversé plusieurs existences, nos âmes retrouvent des âmes déjà aimées.

Horace dit ce dernier mot à mi-voix, tant il craignait d'inquiéter cette jeune fille qui portait sur sa figure l'image de la chasteté.

— Vous avez peut-être raison, murmura-t-elle. Je vous ai peut-être rencontré dans une autre existence.

Geneviève pensait à cette horrible existence de son carnaval parisien.

— Espérons, mademoiselle, que nous nous retrouverons encore dans les incarnations futures.

— Vous dites cela comme un sceptique.

— Oh ! c'est que je pense au spiritisme qui fait tourner des têtes et point des tables. Mais si je ne crois pas au spiritisme, je crois à mon âme immortelle.

— Oh ! vous avez un air railleur qui me dit que vous n'êtes pas un croyant.

— Eh bien, mademoiselle, vous vous trompez ; je n'étais peut-être pas un croyant avant la guerre ; mais quand je me suis échappé de Metz pour venir rejoindre le général Aurelles de Paladines, j'ai commencé à croire à la destinée. Et quand un jour le général, dont j'étais un des officiers d'ordonnance, me donna la plus périlleuse des missions, je sentis que Dieu était au ciel et sur la terre.

— Parce que vous aviez peur de paraître devant lui ?

— Non ! parce que Dieu me donna un courage surhumain. Je bravais la mort. Je ne

pensais plus qu'à faire mon devoir. Pardonnez-moi si je vous parle ainsi de moi. Le général voyait un de ses régiments sur le point d'être enveloppé par l'ennemi, il me donna la main et me dit : « Horace, il n'y a pas une se-
« conde à perdre, il faut que vous arriviez là-
« bas dans cette fumée pour avertir le colonel
« Larousse qu'il est perdu s'il ne revient sur
« nous. Les balles vont pleuvoir sur vous ;
« mais les balles ont peur des braves; d'ail-
« leurs, celui-là meurt bien, qui meurt pour
« son pays. »

— Un brave homme, ce colonel !

— Je me sentis grandir de vingt coudées. Jusque-là, je n'avais rien fait de bien ; j'étais fier de risquer ainsi ma vie: aussi je ne me le fis pas dire deux fois. J'aurais bien voulu embrasser ma mère, mais je sentis que Dieu la consolerait quand on lui dirait ma mort. J'avais déjà vu mourir tant de camarades, que j'avais presque l'attraction du lit sanglant sur le champ de bataille.

— Mourir seul ?

— Mourir seul ? Mais quand on se bat, les soldats sont des frères. N'est-ce pas glorieux d'être retrouvé parmi les morts le soir d'un combat ?

— Et si l'on est oublié ?

— Si l'on est oublié ? Qu'importe ! On vous enterre pieusement à côté de quelque héros anonyme. Et un jour la patrie, qui n'oublie pas, *Elle*, vient se pencher en pleurant sur l'herbe reverdie. Et le nom de l'oublié reparaît sur le marbre.

Horace, qui ne parlait jamais de la guerre sans émotion, fut très touché de voir des larmes dans les yeux de Geneviève. Il lui saisit la main et la porta à ses lèvres.

— A la bonne heure, dit-il, vous êtes un brave cœur !

— C'est vous, dit-elle, qui êtes... qui étiez..., un brave cœur... à la guerre !

Horace ne comprit pas pourquoi Geneviève semblait ne pas vouloir que le présent fût le passé.

Elle dégagea vivement sa main, car elle sentait les sanglots la suffoquer.

— Adieu, monsieur, murmura-t-elle pour cacher son émotion, je vais entrer dans le cimetière.

— En vérité, mademoiselle, si je n'avais mon cheval, je vous suivrais, car je me sens le cœur triste. Je suis pourtant bien heureux de vous avoir retrouvée; mais j'ai peur de vous reperdre.

Geneviève voulait répondre, mais n'osait pas donner un rendez-vous.

— Oh! vous me retrouverez sur ce triste chemin.

Horace comprit.

— C'est étrange, dit-il en remontant à cheval, je ne me croyais plus le cœur si jeune. Un peu plus, j'adorerais mademoiselle d'Ormoy. Comment s'appelle-t-elle de son petit nom ?

Geneviève était de l'autre côté du mur.

— Mademoiselle, lui dit-il, encore un mot, je vous en supplie; est-il bien indiscret de vous demander le nom de votre patronne ?

Geneviève hésita. « O mon Dieu ! se dit-elle à elle-même, faites qu'il ne me reconnaisse pas ! » Et elle répondit :

— Je m'appelle Martha.

II

LA PORTE DU PARADIS

Pourquoi Geneviève ne voulait-elle pas être reconnue? Les femmes ont déjà compris. C'est que Geneviève avait l'horreur de son carnaval parisien. C'est que son rêve était d'être aimée comme une jeune fille et non comme une courtisane; c'est que depuis que l'amour avait pénétré son cœur, elle se sentait transfigurée. En abandonnant sa maison, ses robes et ses amitiés, elle avait dépouillé toute la friperie de ses heures d'oubli.

Combien de femmes qui voudraient ainsi changer de robes ! Mais les robes d'innocence ne sont pas à la portée de tout le monde.

Maintenant surtout qu'elle avait respiré l'air vif du pays, Geneviève s'imaginait avoir passé par un bain virginal; le sentiment de la maternité aussi l'avait purifiée. Il lui semblait qu'elle s'était réveillée d'un affreux rêve; maintenant qu'elle revoyait le rivage, elle ne voulait plus croire aux horreurs de la tempête.

Mais, hélas! dès qu'elle descendait en elle-même, elle retrouvait l'odieuse réalité. Elle s'étonnait d'avoir de gaieté de cœur jeté sa vertu dans l'abîme. C'est qu'alors elle ne voyait pas l'abîme. Depuis qu'elle était remontée sur le revers, elle se jugeait — et elle se condamnait.

Comment Horace pourrait-il l'aimer s'il la reconnaissait? Ne se rappellerait-il pas cette nuit orgiaque où ils s'étaient rencontrés?

Elle aimait mieux mourir que de renoncer à cette chaîne brisée. Puisqu'elle était redevenue Geneviève d'Ormoy, pourquoi ne l'aimerait-il pas, ne fût-ce qu'un jour, comme il avait aimé une heure Geneviève d'Or?

Cette espérance d'inspirer un pur amour à Horace enflamma l'âme toute romanesque de Geneviève.

— Ah! s'il m'aimait ainsi! dit-elle plusieurs fois en retournant chez la fermière. Je sais bien que ce n'est encore que le rêve de quelques jours, puisqu'il finirait par me reconnaître; mais enfin j'aurais eu ma part des joies du cœur! Être aimée dans sa vertu, vivre dans les premières aurores, quand les nuages n'ont pas encore envahi le ciel, c'est l'idéal

12.

Puis elle secouait la tête en se disant que ce n'était qu'une illusion et une tromperie.

Il aurait beau l'aimer comme une jeune fille, oublierait-elle un instant qu'elle n'était plus qu'une fille perdue ?

Elle ne voulait pas parler de cette rencontre à la fermière ; mais son cœur l'emporta. Elle sentit que cette femme ne la trahirait jamais, elle parla tout haut.

— Ma chère Élisabeth, si jamais M. de la Ferté vient jusqu'ici, n'allez pas dire que je m'appelle Geneviève, car je lui ai dit que je m'appelais Martha.

Naturellement, le lendemain on se rencontra sur le chemin vert. Cette fois, Horace était à pied. Le cheval est un mauvais camarade de route pour un amoureux qui ne peut pas mettre en croupe son amoureuse.

Au lieu de suivre le chemin, on prit le premier sentier venu ; ce n'était d'ailleurs ni un sentier perdu, ni un sentier couvert.

Horace aimait déjà Geneviève. Et il l'aimait de l'âme et de l'esprit ; tant cette adorable figure parlait du ciel.

On était aux premiers jours d'avril ; il n'y avait encore que des fleurs aux branches des arbres ; mais les prés déjà verdoyants étaient tout étoilés de marguerites et de primevères.

Un vent aigu sifflait dans les branches, où sautillaient les merles aux pattes d'or. Les rossignols, ces virtuoses, chantaient dans le parc d'Ormoy. Il semblait que la nature se réveillât un jour de fête, tant les champs étaient inondés de rayons, tant les fleurettes ouvraient leurs lèvres.

La causerie ne fut pas d'abord très animée. Geneviève laissa dire, mais Horace ne trouvait rien à dire. Après quelques pas dans le sentier, il s'arrêta devant une touffe de bois joli et y cueillit un bouquet tout épanoui.

— On dirait du lilas blanc, murmura Geneviève en respirant le bois joli.

— Oui, mais c'est le lilas blanc sans parfum.

Et, pour continuer la conversation, il hasarda ce lieu commun :

— Je connais beaucoup de femmes qui ne sont que du bois joli quand on veut y respirer le lilas.

Le sentier conduisait tout droit à une des petites portes du parc d'Ormoy.

— Ah ! des lilas ! s'écria Geneviève, comme il y en a de beaux, là-bas, de l'autre côté du mur !

— Vous dites cela avec un soupir, comme

si les lilas ne fleurissaient plus pour vous !

— C'est qu'en effet ils ne fleurissent plus pour moi.

— Oui, on m'a dit quelques mots de cette histoire. Il paraît que c'est un paysan qui vous succède ici. C'est la même histoire dans tous les châteaux. Mais enfin, vous avez toujours un pied-à-terre ?

— Moi, pas le moins du monde ! J'ai un pied-à-terre à la ferme du château.

Et Geneviève ajouta d'une voix plus sourde :

— La fermière m'aime beaucoup parce que je suis la marraine d'un enfant de sa sœur.

— Comment ! votre famille n'est plus ici ?

— Non, mon père est en Amérique, où il refera sa fortune. Ma mère est à Paris. Mais pourquoi vous parler de toute cette histoire que je ne sais pas moi-même ? Quand le malheur s'abat sur une famille, tout le monde la calomnie. Il y a des sacrifices qui se retournent contre les sacrifiés.

— Oh ! la vérité finit toujours par avoir raison. Je sais que votre père était un galant homme qui s'est ruiné plus ou moins ; c'est à la portée de tout le monde : l'argent n'est ni un titre de noblesse, ni un titre de vertu. Ne parlons pas de cela.

Geneviève était devenue silencieuse; elle pensait avec effroi que l'échafaudage de son bonheur rêvé était bâti sur le sable. Un mot indiscret pouvait tout renverser.

Horace reprit la parole.

— Vous n'allez pourtant pas passer votre vie chez cette fermière ?

— Non ! je retournerai chez ma sœur; j'ai vécu toute une année avec elle en Italie; peut-être irai-je encore l'hiver prochain.

Geneviève ne voulait pas dire que sa sœur était revenue à Paris.

On arrivait à une des petites portes du parc.

— Les beaux arbres ! dit Horace. Au-dessus de tous ces pommiers de la vallée, qui ont l'air de paysans endimanchés sous leurs fleurs blanches, ces chênes, ces hêtres et ces ormes semblent des gentilshommes qui dominent leurs vassaux.

— Ah ! quel malheur de n'être plus là ! dit Geneviève, qui appuyait sa tête sur la grille.

— C'est l'histoire du paradis perdu. On ne l'aime que quand on en est dehors.

— Je l'aimais bien quand j'y étais ! C'était là le bonheur, peut-être.

Geneviève soupira.

— Qu'est-ce que le bonheur ? demanda Horace.

Ils se regardèrent. Il y eut comme un rayon de leurs âmes qui prit feu. Horace saisit la main de la jeune fille, qui ne songea pas à la retirer.

Elle rougit et pencha la tête.

Horace se hasarda à dire :

— C'est le bonheur à la porte du paradis.

Il n'avait jamais été si heureux ; elle n'avait jamais été si heureuse. Ils n'étaient qu'à la porte du paradis, mais ils étaient déjà emparadisés.

Geneviève savoura cet instant de chaste volupté, comme on boit une goutte de rosée sur une rose. Pas un souvenir fâcheux ne vint troubler la joyeuse sérénité de son âme. Elle était toute à cette aspiration amoureuse. Elle retrouvait dans ses émotions de jeune fille un rêve presque réalisable. Dieu ne lui en voulait donc pas, puisqu'il lui permettait cette ivresse inespérée. Elle était contente, comme ces enfants qui ont dépassé trop vite les champs de bluets, mais qui les retrouvent quand ils reviennent. Ainsi Geneviève pouvait cueillir dans son âme, toute fleurie encore, des roses qu'elle croyait fanées.

Horace, de son côté, avouait que rien n'est doux comme l'amour d'une jeune fille dont on respire le virginal parfum.

Pouvait-il lire, dans ses beaux yeux bleus et profonds comme le ciel, un autre mot que le mot vertu, dans l'auréole de l'amour ?

La main était toujours dans la main.

Deux fois, Horace avait été sur le point de toucher de ses lèvres les cheveux de Geneviève ; mais il eut peur de l'arracher à ce rêve à deux ; il craignit de troubler la pureté de ce beau lac, où leurs âmes se miraient dans la transparence idéale. Il avait si souvent embrassé les filles perdues, où les lèvres des autres avaient moissonné toutes les fleurs printanières, qu'il ne voulait pas profaner par un baiser hâtif cette figure de madone.

Il comprit alors devant cette adoration qu'il n'avait pas eu de jeunesse. Presque tous les jeunes gens entrent dans la vie en piétinant sur leurs premiers rêves, ne croyant qu'à Don Juan ou même à Lovelace. Ils apprennent le roman de la vie non plus dans *Daphnis et Chloé* ou dans *Paul et Virginie*, mais dans *le Chevalier de Faublas* ou dans *les Liaisons dangereuses*. Aussi ne reviennent-ils à tous les beaux sentiments qu'à force de raison, tandis qu'ils les auraient eus de prime abord à force de jeunesse.

— Oh! que vous êtes belle! dit Horace avec l'expression la plus attendrie.

— J'ai tant pleuré! répondit-elle.

— Qui sait, reprit-il, si je ne suis pas destiné à sécher vos larmes?

— C'est impossible.

Horace s'imaginait que Geneviève ne pleurait que sa déchéance dans le monde, la fortune de son père et la perte du château d'Ormoy, tandis que Geneviève ne pensait ni à la perte du château d'Ormoy, ni à la fortune de son père, ni à sa déchéance dans le monde. Elle pensait à une autre déchéance...

A cet instant on vit paraître, de l'autre côté de la grille, le bonhomme Delorme, qui avait toujours une dent contre Geneviève parce que son fils avait voulu l'épouser.

— Ne vous dérangez pas, mademoiselle, lui dit-il avec de grands airs comiques. Vous aimez ce côté-là du parc, car je vous y ai déjà vue. Il est vrai que, dans ce temps-là, j'étais dehors et vous étiez dedans. Ah! ça, il paraît qu'on a changé de cavalier pour faire la contredanse?

Et le bonhomme passa son chemin. Si la

grille n'eût pas été fermée, Horace se fût jeté sur lui au premier mot, mais il lui fallut boire cet outrage à Geneviève en réfrénant sa colère.

— Délicat comme du pain d'orge! dit-il.

Et il cria à M. Delorme :

— Dites-moi, monsieur, là-bas! à quelle heure vous donne-t-on du bâton?

Le bonhomme ne répliqua point.

— Non seulement, dit Geneviève, il est dans notre château, mais il ne nous pardonne pas d'y avoir été avant lui, parce que tout le monde nous regrette dans le village et que ses domestiques se moquent de lui à table. Si bien qu'il m'injurie à chaque rencontre. Mais, à chaque injure, je me sens plus fière.

— C'est bien, cela! dit Horace. C'est le cri d'un noble cœur.

— Et si vous voulez me faire plaisir, vous ne lui ferez pas l'honneur de votre bâton.

Horace avait toutes les peines du monde à triompher de sa fureur, mais il promit d'obéir à Geneviève.

— Pourquoi aussi, continua-t-elle, avons-nous pris ce sentier? C'est plus fort que moi. Je suis attirée vers le parc comme si je devais m'y retrouver dans mes meilleures années.

— Nous prendrons un autre chemin.

Et ils s'éloignèrent lentement.

Pour faire oublier cette mésaventure, Geneviève rappela à Horace que, la veille, il ne lui avait pas conté la fin de son histoire à la bataille d'Orléans.

— Cette histoire n'est pas plus intéressante que cela. J'ai peut-être sauvé le régiment en me risquant à travers l'armée ennemie ; j'ai reçu une balle dans le bras, mais ce n'est rien, puisque ça ne m'empêchera pas de vous serrer la main. Cette petite promenade à bride abattue m'a valu la médaille militaire. Je suis trop payé si vous croyez que j'ai fait mon devoir.

On était revenu au chemin vert.

— Adieu, dit Geneviève, car c'est l'heure du dîner. Cette brave fermière a changé ses habitudes pour moi, je ne veux pas lui donner le souci de m'attendre.

Horace comprit qu'il ne pouvait retenir Geneviève plus longtemps.

— A demain ! lui dit-il.

Elle partit et ne se retourna pas, mais elle vit bien que M. de la Ferté la suivait des yeux sans partir lui-même.

— Il m'aime! dit-elle avec joie et avec effroi.

Au même instant, Horace se disait:

— Je m'aventure là dans un roman très

périlleux. Je n'ai pas le droit d'aimer cette jeune fille pour passer le temps, et je ne puis pas non plus l'aimer pour lui demander sa main. D'abord, parce que je ne veux pas me marier ; ensuite, parce qu'elle n'a pas le sou : ma famille jetterait les hauts cris. Et pourtant, quelle femme adorable on mettrait dans sa maison avec une pareille créature !

Quand il rentra dans le château de la Ferté, sa tante, qui l'attendait dans l'avenue, jeta de l'eau sur le feu. Comme il parlait de cette charmante « Martha » qu'il avait rencontrée par hasard, la vieille dame lui dit :

— Monsieur mon neveu, prenez garde aux demoiselles d'Ormoy : je ne crois pas un mot de tout ce qu'on dit d'elles ; mais on en dit trop pour ne pas m'inquiéter.

— Et que dit-on ?

— On dit d'abord qu'elles sont jolies.

— Après ?

— On dit qu'elles sont fort romanesques.

— Après ?

— On dit que l'une d'elles a filé plus ou moins le parfait amour avec le fils du sucrier Delorme qui est aujourd'hui maître du château. Mais il y a deux légendes : je crois plutôt à la seconde. Ce serait la mère qui aurait, vers la quarantaine, abusé de la jeunesse du fils Delorme. Le père, dans un moment de jalousie, a tiré de son beau fusil de chasse sur l'amoureux, il a failli tuer sa femme ; mais l'une de ses filles s'est jetée dans ses bras en lui disant : « C'est moi qui suis coupable ! »

— Voilà un sacrifice digne de l'antique ! dit Horace.

— Oui, mais une jeune fille comme il faut ne se fût pas trouvée là à écouter aux portes, car c'était la nuit.

— Qu'importe ! c'est beau tout de même.

— Oui, mais ce qui n'est pas beau, c'est que la mère est à Paris vivant des subsides du fils Delorme, qui est devenu un libertin. Oui, monsieur mon neveu, un libertin !

— Ce n'est pas de la faute de la fille.

— Je ne sais pas si c'est celle qui est ici qui s'est dévouée à sa mère ; mais c'est étrange qu'elle vive là chez une fermière.

— Mon Dieu ! ma tante, je crois que si elle voulait vivre comme sa mère, cela lui serait facile à Paris. Il ne faut pas lui en vouloir d'être vertueuse.

— Vertueuse ! vertueuse ! c'est bientôt dit.

— Je te croyais si bonne ! ma tante.

— Oui, mais je te vois si affolé de cette jeune fille.

— Moi, pas du tout! Nous nous sommes rencontrés, nous avons cassé un mot ensemble. Voilà tout !

— Dieu veuille que ce soit le dernier mot. Si l'on vous rencontrait ensemble, tu passerais pour un suborneur et tu en subirais les conséquences.

Là-dessus, la cloche du château ayant sonné le dîner, on se mit à table et on parla politique.

III

UN TABLEAU DE LA VIE DE M. ET Mme DELORME
SUCRIERS ET CHATELAINS

Puisque nous avons revu — si à propos — le père Delorme, parlons-en.

Ce fut un grand jour que celui de l'entrée du père Delorme dans le vieux château d'Ormoy. C'avait été le lendemain du départ pour Paris de madame d'Ormoy et de ses filles.

Il se rappelait qu'on y avait été hospitalier pour lui — dans l'office, — il allait donc entrer de plain-pied dans la salle à manger ; aussi il ne manqua pas d'inviter ses amis anciens et ses amis nouveaux, ceux que donne le cœur et ceux que donne la fortune. Maître Lechat était tout à la fois un ami ancien et un ami nouveau. Le gros bonhomme formait avec M. le curé l'aristocratie du pays : faute de grives on mange des merles. Le jeune curé, un paysan endimanché par sa soutane, s'était d'abord demandé s'il devait hasarder sa dignité dans cette fête un peu bruyante. D'ailleurs, il craignait de faire du chagrin aux anciens châtelains qui avaient été pour lui très accueillants. Mais on dîne si mal au presbytère, que le curé le moins gourmand se laisse prendre à l'appât d'un festin. Les curés ont toujours aimé les châteaux; ce n'était pas la faute du curé d'Ormoy si le château avait changé d'habitants.

Par malheur, ce jour-là, il tomba une de ces pluies diluviennes de vingt-quatre heures qui abattent les plus belles gaietés : si bien que les convives du père Delorme arrivèrent tous en secouant leur parapluie et parlant du mauvais temps au lieu de parler des beautés architecturales du château, sans compter qu'ils allaient droit au salon pour se dénipper sur les fauteuils dorés, ce qui était un attentat. Les « ruraux », hommes intelligents sur leurs terres, ne prennent pas les grands airs de l'hôtel Rambouillet pour entrer dans un château.

— Allons, allons, disait le père Delorme ça va mal.

Il s'attendait à un hosanna.

Son fils était mélancolique et muet; sa femme montrait la caricature d'une châtelaine les domestiques causaient avec les arrivants.

— De la tenue, de la tenue ! criait le nouveau châtelain.

On visita pourtant le château avant de se mettre à table. Mais devant les tapisseries ou les tableaux, les amis ne manquèrent pas de dire :

— Tout ça n'est pas le Pérou ; ça coûte plus que ça ne rapporte ; mais ce qu'il y a de bon dans l'affaire, mon cher monsieur Delorme, c'est le parc et la prairie : abattez-moi tous ces arbres-là, vous ferez là des betteraves pendant cinq ans sans fumier.

— Il faut bien se garder d'abattre les arbres ! s'écria le notaire ; car si jamais M. Delorme avait envie de revendre, il aurait découronné le château.

— Revendre ! pour qui me prenez-vous ? s'écria le bonhomme ; revendre ! sachez la différence qu'il y a entre les Delorme et les d'Ormoy : c'est que les d'Ormoy vendent toujours et que les Delorme achètent toujours.

C'est égal, le père Delorme n'était pas content. Il pensait qu'il ne faisait que peu d'effet sur ses invités. Aucun d'eux ne secouait l'encensoir devant son nez ; il était réduit à sa prise de tabac de contrebande.

Un sucrier prit la parole pour exprimer son opinion sur les châteaux. — C'était un démagogue. — Selon lui le château était une offense à la chaumière. Il trouvait que M. Delorme avait bien fait d'acheter le château, mais il fit entendre qu'il eût mieux fait de rester chez lui.

— Est-ce que vous n'allez pas vous ennuyer ici à mourir ? dit un autre sucrier en regardant la hauteur des plafonds.

— C'est à se perdre, dit une dame sucrière à la maîtresse de la maison.

— Vous avez bien raison ! répondit madame Delorme ; aussi je ne me sens bien que dans la cuisine. Toutes ces grandes pièces me font peur. Ma petite maison me faisait bonne mine, ce grand château me fait la grimace.

Et, parlant plus bas :

— Mais, voyez-vous, quoi qu'en dise mon époux, ce château n'est pas fait pour nous. Un de ces matins nous allons marier notre fils, qui y fera bonne figure.

— Et avec qui allez-vous le marier ?

— Qui est-ce qui sait ! Moi je ne suis pas ambitieuse, voyez-vous, j'aurais voulu pour belle-fille Geneniève d'Ormoy, mais chut !

La dame sucrière se tourna vers une dame raffineuse et lui dit tout bas, en prenant un air malin :

— M. Achille ne peut pourtant pas épouser la mère et la fille !

Au dîner on but beaucoup, mais ce ne fut pas cette belle ivresse de la gaieté que M. Delorme avait connue autrefois à sa table toute rustique.

— Ah ! s'écria-t-il, le soir en mettant son bonnet de nuit comme on met un éteignoir, c'était plus amusant dans ce temps-là ! On chantait à table, aujourd'hui on parle politique !

— Oui, lui dit sa femme, tu as bien raison. Et puis, dans ce temps-là, nous n'étions pas riches, mais nous étions jeunes.

— L'argent ne fait pas le bonheur.

— Ni les châteaux non plus.

Ce fut sur cette vérité que s'endormirent M. et madame Delorme, sans même se permettre le réveillon de M. et de madame Denis.

Et au moment où son père et sa mère s'endormaient, Achille Delorme, qui trouvait aussi qu'un château ne fait pas le bonheur, sautait par-dessus les murs du parc pour aller se consoler du départ de la châtelaine dépossédée, en filant plus ou moins le parfait amour avec une blanchisseuse d'Ormoy, tout en chantant du bout des lèvres la chanson de Monselet.

Mais ce n'est pas là notre histoire et nous ne voulons pas conter celle-ci.

IV

CONFESSION DE GENEVIÈVE

Que si le lecteur voulait savoir la vie de Geneviève, après sa première soirée chez les demoiselles de Vertpré, jusqu'au jour où nous la retrouvons à Ormoy, chez la fermière, voici des lettres à Martha, qui sont toute une confession rapide :

« *A madame la marquise Sforza, à Naples.*

« Ma chère Martha,

« Comme tu as eu raison de partir pour l'Italie ! Moi j'ai été forcée de me donner en spectacle. Tu sais dans quelle anxiété j'étais ! Je n'osais plus rentrer chez ma mère, mais je ne pouvais voir ni de près ni de loin le prince cosaque qui avait pourtant une vertu : je pouvais me montrer avec lui grâce à ses cheveux blancs. J'avais l'air d'être sa petite fille.

« Il n'avait qu'un but en m'offrant de faire ma fortune, c'était de prouver à ses amis qu'il avait encore du cœur.

« Il m'a tant bien que mal installée dans un appartement meublé de la rue de Ponthieu, où il m'amène tous les jours des amis à dîner. Me voilà maîtresse de maison sans maison, car je ne me sens pas chez moi. Si j'étais petit oiseau, ah ! comme je m'envolerais ! J'étouffe ici. Que ne puis-je respirer l'air vif du parc d'Ormoy ! Toi qui aimes le nouveau, tu diras que j'ai un mauvais caractère, car les amis du prince sont des gentilshommes, ou des gentlemen. Ils me font tous la cour, mais je suis fidèle au prince, que j'appelle mon fiancé pour le mettre en colère. Mais je veux bien marquer qu'il n'est pas mon amant. Si j'en prenais un, je le prendrais jeune et beau. Tu as eu la main plus heureuse, toi, puisque tu as pris du premier coup un mari qui n'est pas trop vieux, qui n'est pas trop laid. Mais toi, tu es née pour être heureuse, et moi je suis née pour être malheureuse.

« Ce qui m'est le plus désagréable en tout ceci, c'est que le prince me mène au théâtre et au Bois. Mais j'ai toujours un voile, sans compter que j'ai l'art de faire ma figure, pour ne pas me reconnaitre moi-même. Imagine que je suis devenue plus que blonde.

« Écris-moi, écris-moi bien vite et aime-moi toujours.

« GENEVIÈVE. »

. . . . , ...

« Tu sais mon histoire avec M. d'Angerville. J'avais peur du bruit. Le silence s'est fait. Pour tout le monde ç'a été un duel. Comme tu l'as dit, le duel du loup et de l'agneau. Mais l'agneau est devenu le loup. »

. . , ...

« C'est toujours le même train de vie. Le prince est fou de moi, mais c'est encore un fiancé. Son amour d'ailleurs, c'est l'amour-propre ; il veut me montrer à tout le monde en disant : Voilà ma maîtresse. C'est une fille bien née ; mais j'ai mis mon nom dans ma poche. On ne me connaît que sous le nom de Geneviève d'Or. Je n'ai qu'un regret, c'est d'avoir livré le nom de Geneviève.

« GENEVIÈVE. »

En carnaval.

. . . .

« Je t'écris tout enfiévrée. Ma destinée s'est montrée cette nuit ; imagine-toi que, par la volonté du prince, je connais quelques femmes à la mode. Mademoiselle Vingtans donnait une fête et je m'y suis risquée par curiosité et par distraction, car je meurs d'ennui. Le prince n'était pas là, mais il veut que je m'amuse.

« Me suis-je amusée ? Écoute.

« Ah ! ma chère Martha ! te dirai-je tout ? M. Horace de la Ferté, celui que j'ai rencontré à Ormoy sur le chemin du cimetière, ce beau cavalier dont je t'ai parlé comme de mon idéal, il est venu, lui aussi, à cette fête. Tu sens mon émotion ; je croyais qu'il allait me reconnaitre, mais point du tout. J'étais heureuse et révoltée en même temps, parce qu'il me parlait d'amour et parce qu'il me prenait pour une fille galante. Oh ! les contradictions du cœur ! »

Voici encore quelques pages rapides de la vie de Geneviève, prises dans ses lettres à sa sœur :

« Maintenant, c'est fini ! Geneviève d'Ormoy n'a plus qu'à pleurer. Que deviendra Geneviève d'Or ?

« Horace m'a conduite chez moi, mais il est parti, comme s'il fût venu chez une courtisane, en jetant une poignée d'or sur la cheminée. Et moi qui croyais le retenir pour toute la vie! Je suis au désespoir. Reviendra-t-il?

« Je me demande s'il est possible que je sois tombée jusque-là, à vouloir être la maîtresse d'un homme dont j'aurais rêvé d'être la femme, d'un homme qui m'a rencontrée chez cette demoiselle Vingtans! »

. . . .

« Je souffre! je n'y tiens plus! il ne revient pas! J'ai mis le prince à la porte. Je ne veux plus voir personne. Je passe mes jours et mes nuits à pleurer cet homme qui ne m'a peut-être pas gardé un souvenir! Je l'aime, oh! je l'aime, vois-tu, jusqu'à en mourir! Comprends-tu mon malheur? Cet homme, qui a le droit de me mépriser, m'a donné l'amour, cette passion toute divine qui nous relève devant nous-même. Je ne me suis jamais sentie si humiliée et si fière. Que veux-tu que je devienne sans cet homme?... »

Londres, 28 mai.

. . . .

« Depuis que je t'ai écrit, j'ai reçu une lettre de mon père, qui était en mission à Londres pour quelques jours. Il m'appelait, je suis allée à lui; mais il va retourner en Amérique, où il fait fortune et où il voudrait bien m'emmener. Mais, puisque je te dis tout, je vais t'avouer que j'ai peur de devenir mère; mon père a déjà eu assez de chagrin comme ça.

« Peut-être vivrai-je à Londres en donnant des leçons de français et des leçons de piano. Car je ne dis pas à mon père que je ne suis plus avec ma mère. Il voulait aussi qu'elle vînt le voir ici, mais tu sais pourquoi elle n'est pas venue. Mon père a failli partir pour Paris, mais il ne lui restait qu'un jour et je l'en ai détourné.

« Si je suis trop malheureuse ici, j'irai te rejoindre à Naples.

« Mon père aime toujours ma mère. Il ne sait rien et il lui a écrit tout à l'heure une lettre qui me déchire le cœur.

« Je t'embrasse.

« GENEVIÈVE D'OR. »

Ce fut quelque temps après cette dernière lettre que Geneviève, ayant dépensé à Londres la moitié des cinq mille francs que lui avait donnés son père et ne pouvant donner des leçons parce qu'elle était enceinte, se décida à partir pour Naples.

Elle écrivit encore ce mot à sa sœur :

« Ma chère Martha,

« Il ne me reste qu'un refuge ; vingt fois j'ai voulu mourir, mais je n'ai pas le droit de mourir parce que je crois à Dieu et parce que je sens déjà la mère en moi.

« Cette grâce du ciel pour toutes les femmes, c'est encore une punition pour moi !

« Cet enfant que je mettrai au monde sera le fils ou la fille d'Horace, mais, hélas ! il ne le saura jamais !

« Je vais donc partir pour Naples ; invente une histoire pour sauvegarder la dignité de la maison ; dis, par exemple, que les médecins me conseillent d'aller faire mes couches dans le Midi.

« Je prendrai un passeport au nom de madame Johnson ; tu diras que je suis mariée à un Anglais parti pour les Indes.

« Tu m'aimes trop pour me fermer ton cœur et ta maison quand je suis si malheureuse.

« GENEVIÈVE.

« *P.-S.* — Je viens de rencontrer, ici, dans l'escalier de l'hôtel de Russie, ce comte d'Angerville dont je t'ai parlé ; heureusement il ne m'a pas reconnue sous mon voile. Cet homme est un des supplices de ma vie. Je suis pourtant encore heureuse qu'il ait caché mon coup de poignard. Vois-tu une Lucrèce d'aujourd'hui appelée en police correctionnelle ou en cour d'assises? J'étais dans le cas de très légitime défense et on m'eût acquittée. Mais vois-tu d'ici le scandale! Mon père lui-même aurait connu mon aventure en Amérique. »

Geneviève fut reçue chez sa sœur à bras ouverts sous le nom de madame Johnson. On la présenta, selon son idée, aux amis de la maison comme la femme d'un Anglais qui avait été envoyé aux Indes.

Elle passa tristement ses journées dans ce beau pays. Elle était irritée du soleil comme d'autres sont irrités de la pluie. Cette gaieté éternelle de la ville qui rit toujours ne faisait que rejeter Geneviève plus loin dans sa tristesse.

Que de fois elle pensa qu'il lui serait doux d'être engloutie par le Vésuve rouge ou noyée par cette mer d'azur.

Elle vit bien qu'elle ennuyait le marquis de Sforza par son éternelle mélancolie. C'était un viveur bruyant qui aimait les fêtes; il semblait que Geneviève ne fût là que pour le rappeler à la raison; car Martha était aussi joyeuse que son mari.

Ce fut bien pis quand Geneviève fut mère. On aurait voulu qu'elle mît son enfant en nourrice hors du palais du marquis; mais elle supplia sa sœur de donner l'hospitalité à la nourrice comme à l'enfant.

On était déjà quelque peu en froid, quand il arriva un événement qui acheva de tout gâter. Le marquis, qui aimait beaucoup sa femme, la surprit en conversation criminelle avec le comte Arielli. Il accusa Geneviève d'avoir tout vu et de n'avoir rien dit. Martha ne pouvait plus rester à Naples. Elle revint à Paris, emmenant sa sœur, mais emmenant aussi, sans parler de la nourrice et de l'enfant, le comte Arielli. Geneviève, que la maternité avait rachetée, fit des reproches à sa sœur. Martha la traita du haut de son marquisat, si bien qu'une fois arrivée à Paris, Geneviève eut hâte d'aller à la ferme d'Ormoy, où elle ne doutait pas qu'elle ne fût bien accueillie.

Pourquoi ne pas tout dire à la fermière d'Ormoy? Geneviève fit sa confession. On convint de prendre une nourrice au voisinage. La fermière avait une sœur à Rouen; l'enfant passa pour être le fils de cette femme.

Geneviève, qui ne vivait plus que par cet enfant, promit des récompenses idéales; on trouva une nourrice à une demi-lieue d'Ormoy, au petit village de Marville. La nourrice pourrait venir facilement à la ferme ; Geneviève pourrait aller tout en se promenant chez la nourrice, sous prétexte de la poste, parce que Marville est un bureau de poste.

On répandrait le bruit que Geneviève n'était venue que pour être la marraine de l'enfant, ce qui lui permettrait de l'embrasser tout à son aise sans que les paysans y prissent garde.

Et voilà pourquoi Horace avait retrouvé Geneviève à la porte du cimetière d'Ormoy.

V

LE FILLEUL DE GENEVIÈVE

Horace était amoureux de Geneviève avec le renouveau des vingt ans.

Tout en se disant que sa tante avait raison, il retourna le lendemain vers le cimetière d'Ormoy.

Ce fut pour lui un vif chagrin de ne pas trouver Geneviève sur le chemin vert. « Pourquoi était-elle en retard? — Ne viendrait-elle plus? — Était-elle déjà partie? »

Horace se promena toute une demi-heure, jetant les yeux sur toute la vallée, interrogeant les pommiers de la prairie comme les arbres du parc.

Pourquoi ne se hasarderait-il pas jusqu'à la ferme, dont le verger touchait presque au cimetière?

Il marcha de ce côté. La ferme et le verger n'étaient défendus que par des haies de sureaux et d'aubépines, si bien qu'on pouvait voir toute la comédie domestique : Horace aperçut un paysan qui chargeait du fumier; une paysanne qui chassait des vaches devant elle pour les conduire aux pâturages; un enfant qui poursuivait des cochons dans leur bourbier; mais ce fut tout.

Il finit par se trouver à la porte de la maison sans avoir songé à y entrer.

Il ouvrit son porte-cigares comme pour demander du feu; puis il franchit le seuil sans cérémonie.

La fermière était à la cheminée, qui écumait la soupe.

— Madame, lui dit-il, permettez-moi d'allumer mon cigare et de vous demander des nouvelles de mademoiselle Martha.

La fermière, qui avait déjà oublié les recommandations de Geneviève, faillit répondre :

« Mademoiselle Martha est à Paris. »

Mais la mémoire lui revint à temps.

— Monsieur, mademoiselle Martha est allée voir son filleul à Marville; je ne sais pas pourquoi elle n'est pas revenue; c'est que, voyez-vous, l'enfant fait ses dents, et mademoiselle Martha est si bonne qu'elle est bien capable de bercer l'enfant sur ses genoux pendant des heures entières.

— Est-ce que vous espérez conserver ici longtemps mademoiselle d'Ormoy?

— Qui sait, monsieur! Elle se déplaît partout ailleurs. C'est un meurtre, voyez-vous, de ne lui avoir pas conservé son château, car c'était la vraie châtelaine, celle-là!

— Oui, je l'ai rencontrée, j'ai été ravi de la voir parce qu'elle est belle, et de causer avec elle parce qu'elle est charmante.

— N'est-ce pas, monsieur? Et pas fière du tout... Je me trompe; elle n'est pas fière avec nous, mais il faut la voir devant les Delorme!

— On m'a dit qu'elle avait dû épouser le fils Delorme.

— Elle! Voilà une bêtise. Ceux qui disent ça ne la connaissent pas. Elle aimerait mieux aller au couvent que d'être madame Delorme. Voyez-vous, monsieur, quand on a sa figure et son nom, on trouve toujours un mari.

— Ce n'est peut-être pas dans ce pays-ci! répondit Horace.

— Et pourquoi pas ici comme ailleurs? Par exemple, vous, monsieur, vous passez bien de notre côté, ce n'est pourtant pas votre pays...

La fermière regarda Horace.

— A la bonne heure! voilà un mari comme il lui en faudrait un, car je connais bien mon monde. Sans compter que vous pourriez faire plus mal, car mademoiselle Geneviève...

— Geneviève ?

— Oui, car elle s'appelle Geneviève et Martha, comme sa sœur.

La fermière s'était mordu les lèvres.

— Voyez-vous, monsieur, ces demoiselles ne sont pas si pauvres qu'elles en ont l'air; on dit déjà que le père refait fortune en Amérique. Et puis il ne faut pas tous les biens du monde pour vivre. Moi qui vous parle, quand j'ai épousé mon homme, nous n'avions rien! eh! bien, il y a dix ans que nous sommes mariés, nous nous aimons encore; savez-vous que c'est quelque chose, ça ?

— Oui, c'est quelque chose, vous avez raison; le véritable argent comptant dans le mariage, c'est l'amour.

— Pas bête du tout ce que vous dites là, monsieur; je le dirai à mon mari, ça le fera rire, et il m'embrassera.

Horace salua la fermière, il avait hâte d'aller sur le chemin de Marville pour rencontrer Geneviève.

Il avança, il avança encore, il avança toujours sans voir Geneviève. Il vit se dessiner le clocher de Marville, il aborda les premières maisons, il marcha jusqu'au milieu du village, très surpris de n'avoir pas encore vu la jeune fille.

Où était l'enfant ? il n'osait le demander. Voyant passer le garde champêtre, un brûle-gueule à la bouche, il fit comme chez la fermière, il lui demanda du feu.

— Mon brave homme, ne pourriez-vous pas me dire si vous avez vu passer mademoiselle d'Ormoy qui est venue voir son filleul, un petit garçon qui est en nourrice ?

— Oh! la belle histoire, dit le garde champêtre, la nourrice c'est ma femme. J'y vais de ce pas. Vous ne pouvez pas mieux tomber.

Horace ne se fit pas prier pour suivre le garde champêtre.

Quelle ne fut pas la surprise de Geneviève, qui, en effet, berçait l'enfant, quand elle vit apparaître Horace. Elle eut d'abord peur d'être démasquée; mais l'enfant était si malade qu'elle ne voulait pas le remettre à la nourrice.

— C'est bien, mademoiselle, dit Horace, vous serez une bonne mère.

— N'est-ce pas, monsieur? dit Geneviève en essayant de sourire.

— Pardonnez-moi d'être venu jusqu'ici;

mais la fermière m'avait tant intéressé à cet enfant que j'ai voulu le voir.

Geneviève avait deux pâleurs sur les joues : l'angoisse de la mère et l'inquiétude de l'amante. Mais la mère dominait l'amante.

Elle se disait : « Cet enfant lui ressemble. S'il allait le reconnaître ! »

Horace s'était penché.

— Comme il est joli, cet enfant !

— N'est-ce pas ? C'est parce que je suis sa marraine. Mais il est bien malade depuis ce matin.

La nourrice s'était approchée.

— Oh ! ce ne sera rien, il va percer une dent.

— Oui, voyez comme il souffre ! reprit Geneviève.

Horace regardait, non sans une vraie surprise, le bras du petit garçon.

— Voilà qui est étrange, dit-il.

Geneviève regarda Horace avec inquiétude.

— Étrange ? répéta-t-elle.

— Oui, reprit Horace en souriant. Cet enfant a une framboise marquée sur le bras.

— Oui, dit Geneviève, mais il y a des marques plus étranges encore.

— Je sais bien ; mais ce qui me frappe, c'est

que j'ai moi-même une framboise marquée sur le bras.

Geneviève fut très heureuse de cette révélation, mais elle masqua sa joie en disant d'un air distrait :

— Il y a beaucoup de ces rencontres-là.

VI

SOUVENIRS DE DAPHNIS ET CHLOÉ

Le lendemain, Horace ne trouva pas Geneviève. Et pourtant il lui avait bien dit, la veille, qu'ils se rencontreraient sur le chemin, vis-à-vis le parc d'Ormoy.

Horace alla jusqu'à la ferme où on lui dit que depuis deux heures déjà Geneviève était sortie. Il revint sur ses pas et prit à travers la prairie pour couper au court vers le chemin de Marville.

Quoique Horace ne fût ni un paysagiste ni un poëte, il n'était pas étranger aux beautés ni aux saveurs de la nature. Aussi dans la prairie, quelle que fût son impatience de trouver Geneviève, il cueillit des primevères et les respira comme un doux souvenir de ses plus jeunes années.

Je ne jurerais pas qu'il ne fit alors quelques réflexions bien senties sur la vie pastorale. Pourquoi s'enfermer dans Paris comme dans une prison de pierre, quand les vallées, les bois, les montagnes nous appellent par des attractions inouïes? Il regrettait de ne pas encore être venu dans ce coin du pays tout verdoyant et tout mystérieux par les saules, les bouquets de chênes, les aubépines et les pommiers, puisqu'il y a toujours des pommiers dans ce pays normand. Chaque petit patrimoine qu'il traversait était encadré d'arbres et de haies qui masquaient les prairies voisines. Si bien qu'en franchissant une des haies les plus touffues, caché par des arbres non ébranchés, il vit tout à coup un des plus adorables spectacles qui eussent frappé ses yeux.

Dans ce coin perdu — vrai tableau d'Hobbema — pâturaient deux vaches, une rousse et une brune, des bêtes solennelles qui donnent envie de manger de l'herbe.

Une paysanne trayait une vache brune pour donner à boire à un tout petit enfant, qui comprenait déjà que la vache était une nourrice. Aussi tendait-il ses petites mains avec la gourmandise des marmots. Le petit seau de fer-blanc résonnait sous la pluie de lait. Deux femmes regardaient; l'une d'elles tenait l'enfant, l'autre riait d'un beau rire campagnard.

Celle qui tenait l'enfant était une dame ; Horace avait, avant de la voir, reconnu Geneviève.

Il ne voulait pas faire un pas, dans la peur de déranger ce groupe, où toutes les figures étaient bien à leur place.

Quand la vache eut donné sa bouteille de lait, Geneviève puisa dans le seau avec un petit gobelet d'argent qu'elle porta doucement aux lèvres de son cher enfanchon. Il ne fallut pas le prier pour boire. Jamais ivrogne ne trempa ses lèvres dans la coupe avec plus de plaisir.

Chaque fois qu'il reprenait haleine, il regardait sa mère comme s'il eût voulu jouer, ou comme s'il comprit tout ce qu'elle lui disait sans vouloir lui rien dire.

Trois fois il se remit à boire, ce qui ravit Geneviève, car elle avait peur que le sein de la nourrice ne fût plus assez abondant. Il y avait d'ailleurs trop longtemps qu'il tétait.

— Décidément, pensa Horace, mademoiselle d'Ormoy est née pour être mère de famille.

Il s'avança sur la pointe des pieds. Avant de l'avoir vu, Geneviève sentit qu'il venait vers elle. Elle tressaillit et passa l'enfant à la nourrice.

Elle eût été surprise dans une mauvaise action, qu'elle n'eût pas été plus embarrassée.

Mais Horace la rassura bien vite.

— Je suis enchanté, lui cria-t-il, d'avoir vu ce spectacle. Je ne savais rien de la vie de campagne. Grâce à vous, je vais plus en apprendre que si je relisais Théocrite, Virgile et tous les bavards qui ont chanté des églogues.

Geneviève, toute rougissante, était venue au-devant d'Horace.

— Voyez-vous, lui dit-elle, nous avons sauvé cet enfant, mais il lui faut maintenant une autre nourrice.

Et montrant la vache brune :

— Je crois que voilà sa troisième mère.

— La troisième ! dit Horace, où est donc la première ? Elle ne vient pas souvent voir son bébé.

Geneviève rougit une seconde fois et détourna la tête.

— Ah ! voilà ce que c'est, répondit la nourrice, la mère n° 1 a bien d'autres chats à fouetter. Aussi voyez-vous, monsieur, bien souvent les vraies mères, ce sont les nourrices. Celle de cet enfant-là vient à Marville, par-ci par-là, bonjour, bonsoir ; quand elle a payé son mois de nourrice et qu'elle m'a donné une pièce de cent sous par-dessus le marché, elle croit qu'elle a tout fait pour son enfant.

Geneviève avait eu le temps de se remettre.

— Voulez-vous boire du lait? dit-elle à Horace, pour parler d'autre chose.

— Pourquoi pas ? répondit Horace ; mais à une condition, dit-il en parlant plus bas, c'est que nous boirons dans le même verre.

— Je veux bien, répondit Geneviève ; d'ailleurs, à la campagne, il n'y a jamais qu'un verre pour tout le monde.

Horace prit le petit seau de fer-blanc et le présenta à Geneviève.

— Oh! pas dans ce verre-là, dit-elle. Je n'ai pas encore la bouche assez grande.

Et elle indiqua le gobelet.

— Ne faites pas la petite bouche, dit Horace en souriant.

Il prit le petit seau et l'approcha des lèvres de Geneviève.

— Eh bien, je ne veux pas faire de façons avec vous.

Elle trempa ses lèvres et but quelques gorgées. Après quoi elle passa la coupe à Horace,

— Oh! le bon lait! dit Horace en s'interrompant.

Et il recommença.

— Un peu plus je n'en laissais pas pour votre filleul.

Il se tourna vers l'enfant, qui le regardait de ses grands yeux bleus.

— Décidément, ce gamin-là sera très joli ! On ne dirait jamais qu'il a été trouvé sous un pommier de Normandie, tant il a de grâce et de distinction.

Geneviève s'empressa de dire que la mère n'avait pas l'air d'une paysanne, qu'elle habitait Rouen et qu'elle avait quasi les manières d'une dame.

Là-dessus, Geneviève embrassa l'enfant et dit adieu à la nourrice.

— Est-ce que mademoiselle viendra demain à Marville ? demanda cette femme à Geneviève.

— Je ne crois pas, répondit-elle d'un air dégagé, pour bien prouver que tout son cœur n'était pas là.

Elle marcha en avant, en sens contraire, comme pour entraîner Horace.

— Je me crois dans une oasis, lui dit-il. Cette prairie est toute une idylle en action. Voyez donc quelle admirable palette ! Il y a là la fraîcheur pénétrante de Corot et le rayon de Diaz. Je ne crois pas aux chaumières, mais enfin, s'il y en avait une ici, je dirais : « Ma chaumière et votre cœur. »

— Pour moi, dit Geneviève avec mélancolie, je vivrais bien dans une chaumière ; mais vous, vous ne pourriez vivre que dans un château.

— Moi ! voulez-vous signer un contrat de trois, six ou neuf années, avec faculté de renouveler le bail ?

— Ah ! si je vous prenais au mot !

A cet instant le merle, qui sautillait de branche en branche, siffla ce joli air que vous connaissez.

VII

ET QUAND LE MERLE EUT SIFFLÉ

Que se dirent-ils quand le merle eut sifflé?

Geneviève ne manqua pas de remarquer que l'oiseau noir était un railleur qui se moquait de toutes les belles paroles d'Horace.

Horace raillait peut-être encore parce qu'il avait de l'esprit, mais il ne raillait plus du cœur.

Il se sentait pris à cet amour nouveau pour Geneviève d'Ormoy, bien plus profondément qu'au temps où il avait aimé Geneviève d'Or. Il s'étonnait de se trouver ainsi la vertu d'aimer, lui qui avait traité toutes ces choses du sentiment de simples bagatelles à l'usage des héros de roman.

— Je ne m'attendais guère, disait-il, à reconnaitre que Des Grieux et Werther n'étaient pas plus amoureux que moi.

Il décida même dans sa sagesse que la vie hors l'amour est une mauvaise plaisanterie.

Tout le reste n'est que superfluité. A quoi bon s'enchevêtrer dans les vanités puériles? Un homme qui, selon le mot de Shakspeare, tient saintement une femme dans ses bras et sous sa lèvre, ne tient-il pas la vraie fortune et la vraie gloire? N'étreint-il pas la joie inespérée, ne réalise-t-il pas son rêve, ne saisit-il pas sa chimère, n'est-il pas dieu lui-même?

Mais au fond Horace ne s'amusait pas à faire de la philosophie. Il se sentait heureux de vivre dans cet amour, dans cette volupté de l'esprit, dans ce renouveau du cœur. La fraîche image de Geneviève flottait toujours sous ses yeux, comme un mirage à l'horizon. Il était avec elle, même quand il venait de la quitter, tant elle dominait son âme.

Et jamais domination ne s'était imposée avec plus de douceur et de charme. Ce qui manquait à son bonheur, c'était son confident ordinaire. Un confident de tragédie est plus vrai qu'il ne semble. Non pas qu'Horace fût un de ces sempiternels bavards qui content tout à leurs camarades. Il avait le respect des sentiments cachés, il n'ouvrait pas son cœur à deux battants au premier curieux venu, il ne répandait pas l'arome des mystères amoureux. Mais, comme il ne pouvait parler à sa tante de

Geneviève, il aurait bien voulu dire à un autre lui-même combien Geneviève était belle et combien elle charmait ses yeux.

Un matin, avant d'aller au rendez-vous, il n'y tint plus et il écrivit à son ami Frédéric Orvins :

« Si ma mère te parle de moi, mon cher Frédéric, ne lui dis pas pourquoi je reste si longtemps au château de la Ferté ; il est vrai que tu n'en sais rien. Mais écoute cette histoire :

« Voilà trois semaines que je suis ici, je devais y rester trois jours. Nul n'est maître de sa destinée. J'aime beaucoup ma tante, mais ce n'est pourtant pas elle qui me retient. Tu vas penser peut-être que c'est le paysage ? Encore moins, quoique la nature ici ait revêtu pour cette saison la plus belle robe du monde. Mais tu sais mon opinion sur la nature : beaucoup trop verte ! Un poète a eu raison de dire qu'en Normandie tout est vert : les prés, les bois, les eaux, le ciel lui-même, sans parler des yeux des femmes.

« Je divague, tant j'ai de peine à arriver à ma confidence.

« Figure-toi que j'ai trouvé ici une jeune

fille plus ou moins châtelaine, qui est douée
de toutes les beautés : grande, svelte, blanche,
douce, un camée héraldique, avec un air de
fierté, quoique la tête soit légèrement penchée
par la mélancolie. A première vue elle m'a
été au cœur. Où nous nous sommes rencontrés ? Tu le sais : dans un chemin, à la
porte d'un cimetière ; aussi, je n'ai pu m'empêcher de la comparer à l'Ange de la Mort, en
la voyant du premier regard pâle et triste.
Comme j'avais l'âme pavée de bonnes intentions, je me suis risqué à lui parler. Je
croyais retrouver une sœur. Comme elle n'est
pas bégueule pour deux sous, elle m'a répondu
avec un naturel adorable.

« Nous nous sommes revus ; nous nous
revoyons tous les jours. C'est ma vie, à l'heure
qu'il est. Je ne respire avec joie que si je vais
de son côté. Tu comprends tout de suite
qu'entre un homme et une femme comme elle,
l'amitié c'est l'amour, mais l'amour dans toute
sa pureté. Je suis devenu un saint.

« D'ailleurs elle est si simple et si ingénue
qu'il n'y a pas prise. Je n'ai jamais si bien
senti la force de l'âme que depuis que je suis
tout âme. Quand çà et là l'amour brûle mes
lèvres, et que je veux lui toucher les cheveux,

elle me regarde avec des yeux si doux et si confiants que je ferme la bouche, comme si je craignais une profanation. Ah ! tu ne me reconnaîtrais plus ! Je ressemble bien plus à Némorin qu'à un tentateur. C'est que je sens que ce serait une mauvaise action.

« Mon Dieu ! je ne suis pas à cela près d'une de ces mauvaises actions-là ; mais je te jure que je n'ai ni la force, ni le cœur de faire le trouble dans cette belle âme.

« Tu es un sceptique ; tu crois que Don Juan a toujours raison ; je vais te dire pourquoi.

« C'est que Don Juan juge du premier regard si la femme qui passe est une femme pour lui — une femme à lui. — Il ne s'attaque pas à celles que doit sauvegarder le mariage, la maternité ou la religion ; il s'attaque aux autres. Les imbéciles vont comme des étourneaux s'abattre sur toutes les femmes ; on les met à la porte ; c'est la moralité.

« Jusqu'ici, sans beaucoup de fatuité, je puis te dire qu'une femme ne m'a jamais résisté. C'est, tout bêtement, parce que je frappais aux portes qui s'ouvrent. Aujourd'hui, c'est tout autre chose, je frappe à une porte qui ne s'ouvrira pas. Mais je t'avoue que je suis fier d'aimer comme un écolier. Cela me change; je me sens meilleur; un peu plus, si ce n'était par respect humain, j'irais prier à l'église.

« Tu vois que je suis amoureux, puisque je dis des bêtises.

« Et maintenant, où est la sagesse humaine? Si j'épousais cette jeune fille qui est pauvre, tout le monde me jetterait la pierre. On dirait que je suis fou. Et pourtant je serais bien heureux! Non seulement heureux de mon bonheur, mais heureux de son bonheur, car j'oubliais de te dire qu'elle m'aime comme je l'aime.

« Eh bien! naturellement, je ne l'épouserai pas. Je souffrirai beaucoup d'arracher cette âme de ma vie; peut-être souffrira-t-elle plus que moi, — parce que la femme vaut mieux que l'homme, — mais on dira que je suis un sage.

« Cela me donne envie de pleurer.

« Encore une fois, pas un mot de cela à ma mère, n'est-ce pas? Dis-lui que je m'amuse et que je l'embrasse.

« HORACE.

« *P.-S.* — Tu sais que je joue un peu à la Bourse; je viens d'ouvrir le journal, je perds sur toute la ligne. Rassure-toi, à peine quelques billets de mille francs. — Vois si je suis amoureux, je suis enchanté d'avoir perdu, parce que je suis superstitieux. Malheureux au jeu... Tu sais le reste.

« J'ai dit cela à ma tante qui payera mes primes perdues, parce qu'elle est convaincue que si je reste si longtemps au château de la Ferté, c'est pour elle seule. Oh! les illusions ! »

VIII

LA LÉGENDE

Quand Horace eut écrit cette lettre, il se mit en route vers Ormoy.

— Où vas-tu ? lui demanda sa tante qui était penchée à la fenêtre.

— Je ne sais pas !

La tante poursuivit avec malice :

— Prends garde de te perdre sur le chemin d'Ormoy.

Il trouva Geneviève dans la prairie où il l'avait rencontrée la veille.

Elle revenait déjà de Marville, où elle avait embrassé son enfant. Mais elle dit à Horace qu'elle venait de la ferme d'Ormoy.

La causerie fut charmante, comme toujours. Geneviève avait à la main un petit volume de légendes ; elle dit à Horace qu'elle voulait lui en lire une.

— Vous êtes né soldat, lui dit-elle, cela vous fera plaisir.

Et elle lut avec beaucoup de sentiment :

LE LIT TOUT BLANC

Et Jacques s'en revient très content de la guerre,
Et sa femme oublieuse à lui ne pense guère.

Il entre chez sa mère et la voit à genoux.
— Ma mère! — C'est mon fils! — Et pour qui priez-vous?

— Pour toi, mon fils! — Et Jeanne? — Elle est là-haut couchée.
— Pourquoi? — Ne monte pas, car Jeanne est accouchée!

— Ah! maudite la femme et maudit soit l'enfant!
Et moi qui revenais en soldat triomphant...

— Grâce, grâce, mon fils! — Ma mère, à la bataille
J'en ai tué plus d'un au-dessus de ma taille.

— Mon fils, Notre-Seigneur n'a-t-il pas pardonné
A la femme adultère? — Est-ce le nouveau-né

Qui crie ainsi, ma mère? Il prend sa bonne épée
Dans le sang ennemi souventes fois trempée.

— Grâce, grâce, mon fils! — Lui, pâle et chancelant:
— Ma mère, faites-moi couvrir un lit tout blanc.

L'enfant criait toujours. Jacques entr'ouvre une porte:
— O ma femme, pourquoi n'es-tu pas plutôt morte?

Il entre, et déchirant les grands rideaux à fleurs:
— Ah! comme je l'aimais! dit-il avec des pleurs.

— Frappe, frappe, dit-elle. — Oui, créature infâme!
Il lève son épée: — O Jeannette! ô ma femme!

Mais il aimait trop Jeanne, et son cœur de héros
Se fond en pleurs de sang et se brise en sanglots.

— O Jeannette, est-ce toi, toi que j'ai tant aimée?
Toi qui me faisais brave en cette brave armée!

Et c'est lui seul qu'il frappe, en criant: — Mille morts!
J'ai fait mon lit tout blanc et j'y vais sans remords.

— N'est-ce pas que c'est très beau de pardonner? dit Geneviève en fermant le livre.

— Oui, répondit Horace, mais c'est peut-être plus beau de ne pas pardonner !

Geneviève soupira.

Horace prit le volume.

Le mot amour et le mot mariage n'avaient jamais passé sur les lèvres de Geneviève ni d'Horace ; mais grâce au livre de vers, dont on lut par-ci par-là une strophe nouvelle, Horace demanda à Geneviève si elle comprenait quelque chose à l'amour.

— Non, répondit-elle ; parce qu'on m'a toujours dit que l'amour c'était le mariage, j'ai jugé que l'amour était une illusion.

Cette réponse étonna quelque peu Horace, car cette réponse était d'une ingénue, mais peut-être d'une ingénue de comédie.

— Il paraît, dit-il, qu'on rencontre pourtant l'amour dans le mariage, puisqu'on a fait des livres là-dessus.

— Ah ! s'écria Geneviève, si le mariage était un sacrement au lieu d'être une affaire.

— Le mariage est toujours un sacrement quand l'amour lui donne sa bénédiction.

Le cœur de Geneviève battait bien fort. Mais

Horace, qui s'était trop avancé, rebroussa chemin en disant :

—— Mais, par malheur, le mariage est le tombeau de l'amour.

Il comprit dans les regards de Geneviève qu'elle aurait bien voulu être enterrée dans ce tombeau-là.

IX

OU REPARAIT GENEVIÈVE D'OR

Ils traversaient alors une haie.

— Oh ! mon Dieu ! dit Geneviève.

Une épine lui avait piqué le pied.

Horace lui demanda pourquoi elle avait crié.

Elle lui montra son pied sans le vouloir, tout en cherchant si l'épine était restée dans la chair.

Elle avait la coquetterie du pied. Elle était chaussée de souliers découverts à la paresseuse.

— Oh ! mais, c'est sérieux, dit Horace, je vois du sang à votre bas. Avez-vous lu *Daphnis et Chloé ?*

— Non.

— Eh bien ! nous sommes dans un chapitre de *Daphnis et Chloé.*

Cette fois un aiguillon de volupté avait saisi Horace : il avait vu le pied, il voulait voir la jambe.

Il fit asseoir Geneviève sur le revers du fossé. Il lui prit délicatement le pied dans ses deux mains. Il vit que le bas écossais était tout sanglant.

— Mais, en vérité, il faut vous déchausser !
Il retira le soulier.

— Oh ! non, dit Geneviève en dégageant son pied.

— Mais l'épine est peut-être restée dans la chair ; il faut défaire votre bas.

— Oh ! non, dit encore Geneviève.

— Je n'assisterai pas à cette grave affaire ; je vais regarder de l'autre côté.

— Vous me jurez de ne pas vous retourner ?

Geneviève défit son bas, regardant tout à la fois son pied et Horace.

Horace s'était retourné bien vite.

— On n'est pas damné, dit-il, pour avoir regardé un joli pied.

Certes, si Geneviève s'était déchaussée, c'est qu'elle pouvait montrer son pied.

S'il était sculptural par le dessin, il était de marbre rosé par le ton. Seulement il saignait toujours. L'épine était entrée sous la cheville.

— Voyons de plus près, dit Horace en se penchant.

Mais Geneviève avait déjà caché son pied sous son mouchoir.

— Vous ne m'avez pas empêché de voir que vous aviez là un grain de beauté.

— Vous êtes plus avancé que moi, car je ne l'ai jamais vu ; où est-il donc?

Et quoique Geneviève connût bien la lentille qui marquait son talon, elle dévoila une seconde fois son pied de l'air le plus innocent du monde.

— Voyez-vous? reprit Horace.

— Oui, répondit Geneviève. Mais ce que je vois surtout, c'est que mon bas et mon soulier sont bons à jeter aux orties. Or, je ne peux pourtant m'en aller pieds nus!

— Allons, allons, dit Horace en reprenant le pied, ne jetons pas le manche après la cognée. Voyez bien comme cette source qui passe là est limpide ; trempez-y votre talon si vous êtes sûre que l'épine n'y est pas restée.

Geneviève ne fit pas de cérémonies, tant elle avait l'habitude de faire naturellement toutes choses, ce qui lui donnait une grâce unique.

Horace, tout en se régalant les yeux du spectacle, était préoccupé d'un souvenir qui lui était revenu tout à coup.

Ce grain de beauté qu'il venait de voir au talon de Geneviève d'Ormoy lui rappelait que

Geneviève d'Or, se déchaussant après le bal de mademoiselle Vingtans, lui avait montré pareillement un grain de beauté au talon. Était-ce à la jambe gauche, était-ce à la jambe droite ? il ne le savait plus. Mais, d'ailleurs, à quoi bon s'attarder à ce souvenir ? Il n'y avait pas selon lui à comparer la courtisane à la châtelaine.

— C'est la seconde fois, dit-il à Geneviève, que je vois là un grain de beauté.

— Comment ! vous en avez déjà vu un placé là ?

Geneviève avait peur de rappeler un tel souvenir à Horace ; mais la femme est si curieuse et si imprudente dans sa curiosité que la belle amoureuse saisit l'occasion de lui faire parler d'elle à elle-même. Elle voulait savoir si elle avait été oubliée aussi vite qu'elle le croyait.

— Oui, ma belle voisine, quand je menais la vie parisienne à toute bride, j'ai rencontré dans le monde une fille à la mode qui s'appelait Geneviève d'Or. Je ne l'ai jamais vue qu'une fois et je ne l'ai jamais oubliée. Je vous avouerai même que je l'ai aimée — comme on aime à Paris. — Elle eût été jolie comme vous, si elle n'eût fait de sa figure un pastel —

ou plutôt une palette — comme font toutes ces demoiselles.

Horace s'interrompit.

— Mais je ne m'aperçois pas que je m'embarque dans toute une histoire.

— Continuez toujours; si vous saviez combien je suis gourmande de toutes ces histoires parisiennes!

— Que vous dirai-je? Elle avait un air de distinction qui la mettait au-dessus de toutes ses pareilles. Étrange et mystérieuse créature! Nous nous sommes enlevés l'un l'autre une nuit, après toutes les folies de la valse et du souper; arrivée chez elle, elle s'est déchaussée, non pas comme vous, par accident, mais par coquetterie; elle avait un pied divin.

— Plus petit que le mien? demanda Geneviève.

— Presque aussi petit, presque aussi joli. Je la vois encore marcher sur le tapis avec une grâce inouïe; c'est alors que j'ai remarqué le grain de beauté. Comme tout est bizarre! Je reconnaîtrais à peine sa figure, et je n'ai pas oublié cette petite lentille imperceptible.

— Et le lendemain? murmura Geneviève sans montrer sa figure.

— Oh! le lendemain, ni vu, ni connu. Il y a des gens qui font le tour du monde en quatre-vingts jours; nous avons fait le tour de l'amour en trois ou quatre fois quatre-vingts minutes.

— Et vous ne vous êtes jamais revus?

— Pas une seule fois, répondit Horace. Et, à ce propos, il m'est arrivé ceci de bizarre que, l'ayant cherchée et ne l'ayant pas trouvée, après quelques jours d'oubli, je me suis mis à chanter des sérénades sous son balcon, quoique l'oiseau fût envolé du nid. Où est-elle allée? En Angleterre ou en Russie? Je n'en ai ni vent ni nouvelle. Véritable oiseau de passage.

— Et vous l'avez aimée?

— Comme un fou! du moins je me suis figuré que je l'aimais.

— Est-ce la même chose?

— Cette folle, — elle était encore plus folle que moi, car elle a quitté Paris, laissant tout à la diable, — je ne sais pas si elle avait une forte garde-robe, mais ce qui est certain, c'est qu'on a vendu à l'hôtel Drouot je ne sais combien de paires de bottines, de chapeaux, de chemises et de robes. C'était une orgie.

Horace ne voulait pas aller plus loin dans son récit. Il regrettait même d'avoir commencé, tant il trouvait inutile de rouvrir le passé pour montrer des tableaux quasi scandaleux à une jeune fille, vraie fleur des champs, qui montrait tant de candeur sur la figure.

— Eh! bien, l'histoire est finie? dit Geneviève d'un regard interrogateur.

— A peu près. Je dois ajouter qu'à cette vente j'ai été pris d'un accès romanesque : j'ai tout racheté et j'ai tout brûlé, moins deux robes.

— Et vous les avez mises?

Geneviève s'efforçait de rire pour masquer son émotion.

— Oui, je les ai mises sur mon cœur; je les ai serrées dans mes bras comme de chères reliques. Il y a des moralistes qui me diront que les robes ne sont guère que des chiffons; mais je dis qu'à certaines heures, les robes sont toute la femme. *Ci-gît mon premier amour*. Mais il paraît que le véritable amour, c'est le second.

— Quand ce n'est pas le premier, dit Geneviève.

Elle avait tour à tour rougi et pâli.

Horace ne pouvait rien lui dire qui lui entrât plus doucement et plus profondément au cœur, car elle n'était pas jalouse d'elle-même.

— Et qu'avez-vous fait de ces bienheureuses robes?

17.

— Ma foi ! je crois qu'elles sont encore chez moi. J'oubliais de vous dire que dans l'une des poches j'ai trouvé une lettre qui m'a fait une des plus grandes impressions de ma jeunesse.

— Une lettre !

Geneviève était anxieuse.

— Oui, c'était une lettre pour moi.

Geneviève respira.

— C'est singulier, dit-elle.

— Vous savez que la vie est pleine de romans.

— Je ne sais pas.

— Il n'y a que les imbéciles qui vivent terré à terre. Je ne sais pas ce que j'ai fait de cette lettre, mais c'est un chef-d'œuvre de sentiment.

— Où le sentiment va-t-il se nicher ?

— C'est justement ce que je me suis dit moi-même.

Il y eut un silence. Horace reprit :

— Je regrette d'avoir égaré cette lettre.

Geneviève pensa que c'était bien à propos ; car elle pouvait lui écrire.

— Tout était perdu ! murmura-t-elle.

Pour rien au monde, elle ne voulait que Geneviève d'Or et Geneviève d'Ormoy ne fussent qu'une seule femme.

Elle voyait bien qu'elle était maintenant aimée comme une jeune fille; elle ne voulait pas que toute cette nouvelle auréole de pureté s'évanouît sous les nuages d'une passion improvisée dans l'orgie. Elle ne croyait pas d'ailleurs qu'Horace, la reconnaissant, pût lui garder l'amour tout virginal qui était la joie de son âme. Elle se sentait réhabilitée. Elle avait perdu le ciel, elle le retrouvait. Comment retomber encore une fois du haut de sa vertu?

— Plutôt mourir! pensa-t-elle.

X

SECOND DUEL MYSTÉRIEUX

Voilà qu'au beau milieu de ces amours rustiques entre gens du monde, un personnage inattendu vint fatalement faire ombre au tableau.

C'était un ami d'Horace de la Ferté, ou plutôt un camarade, qui s'étonnait, comme tout le monde, de le savoir presque solitaire dans un vieux château de la vieille Normandie, avec une vieille tante, dans un cercle de vieilles douairières, avec de vieux serviteurs, de vieux chevaux et de vieux chiens. Tout tombait en ruines autour de lui.

Si je vous dis le nom de cet ami, vous comprendrez tout de suite qu'il n'était pas attendu, du moins par Geneviève.

Il s'appelait le comte d'Angerville. Vous vous rappelez comment il trahit l'hospitalité quand Geneviève alla voir chez lui le portrait de mademoiselle de La Vallière. Le coup de poignard qu'elle lui avait donné n'avait pas tué en elle l'indignation. Elle gardait une haine vivace contre cet homme qui, le premier, l'avait précipitée dans la vie infernale.

Donc, un beau jour qu'Horace et Geneviève, selon la coutume, se promenaient sans bien savoir où ils étaient, tant ils rouvraient par les mirages de l'amour les portes du paradis, le comte d'Angerville, qui n'avait pas de raison pour ne pas surprendre son ami en flagrant délit de vie agreste, tomba sur lui comme un coup de tonnerre.

— Enfin! je te retrouve, dit-il, en lui serrant la main.

Et saluant Geneviève tout offusquée :

— Pardon, madame, je croyais qu'Horace était seul.

Geneviève, qui le reconnut, pâlit et ne répondit pas,

Comme Horace paraissait surpris et inquiet, elle s'inclina légèrement, comme devant un inconnu.

— Mademoiselle, lui dit-il, je vous présente monsieur le comte d'Angerville. Je n'ai pas besoin de vous dire que c'est un de mes amis.

Si Horace eût bien regardé M. d'Angerville,

il aurait surpris une singulière expression sur sa figure. Le jeune comte ne put même arrêter ce cri qui lui vint sur les lèvres :

— Lucrèce !

— Lucrèce ! dit Horace. Vous vous trompez. Mademoiselle s'appelle Martha ou Geneviève.

— Je le sais bien, répondit M. d'Angerville.

— Comment, vous le savez bien ?

Cette fois, M. d'Angerville comprit que si Horace connaissait « Geneviève », il ne connaissait pas du moins Geneviève d'Or. Aussi, ne sachant plus où il en était, il s'écria :

— Quel beau jour ! je suis émerveillé de ce paysage.

Et il ajouta avec un sourire d'imperceptible raillerie :

— Il ne manque à mademoiselle Geneviève que les blancs moutons et la houlette de la patronne de Paris.

— Oh ! mon Dieu, dit Geneviève, nous avons remplacé les moutons par des chiens, et la houlette par le poignard.

Elle disait cela avec sa douceur indolente, en ayant l'air de n'y point toucher. Mais ses yeux étaient armés de haine. Elle comprenait que son rêve était brisé une fois encore.

M. d'Angerville ne voulait pas si tôt quitter la partie; au lieu d'entraîner Horace au château de la Ferté, il sembla le retenir pour continuer son duel avec Geneviève.

— Il me semble, dit-il, si j'ai bonne mémoire, que déjà j'ai eu le plaisir de voir mademoiselle quelque part?

— Quelque part? dit Geneviève en jouant la surprise. Je n'ai jamais quitté ce pays-ci.

Cette fois, M. d'Angerville comprit. « C'est cela, se dit-il à lui-même : elle aura fui Paris, elle sera venue ici pour se refaire une robe d'innocence. » Et il se demanda s'il était possible que son ami se laissât prendre à ce jeu.

Il jeta encore quelques pierres dans le jardin de Geneviève :

— Eh! bien, mademoiselle, c'est vraiment bien dommage de séquestrer ainsi une pareille beauté; à Paris, vous feriez fureur.

Horace, trouvant que son ami s'attaquait trop sans façon à Geneviève, répondit :

— Tu ne connais pas mademoiselle d'Ormoy; elle ne veut pas faire fureur.

— Oui, oui, c'est une violette qui se cache au fond des bois et qui ne veut pas être découverte. Tu es bien heureux, toi, d'avoir passé par là!

Geneviève n'y tenait plus, elle aurait voulu foudroyer M. d'Angerville.

— Adieu ! dit-elle, en serrant la main d'Horace.

Et, comme elle avait la diplomatie des femmes, elle voulut acheter par un mot gracieux le silence de M. d'Angerville.

— Je ne désespère pas de vous retrouver tous les deux.

Mais M. d'Angerville, qui avait aussi pris ses grades en diplomatie, comprit que si elle attendait l'un avec son amour, elle attendait l'autre avec sa haine.

— Je serais désespéré, dit-il en la saluant, de ne plus rencontrer une jeune fille comme vous.

Le *comme vous* était dit cruellement.

XI

TROISIÈME DUEL MYSTÉRIEUX
LA POMME ET LE SERPENT

Un malheur n'arrive jamais seul. Quand Geneviève rentra à la ferme, elle trouva une ancienne figure qu'elle n'attendait pas plus que l'autre.

C'était mademoiselle Théodule, une aventurière à la petite semaine, que le hasard avait conduite pour la belle saison au service d'une fille galante que son amant avait mise au vert en Normandie — j'ai failli dire au pâturage.

On s'était promené, la maîtresse et la femme de chambre, dans les alentours. Mademoiselle Théodule, passant à Ormoy, avait reconnu Geneviève rien qu'en la voyant appuyée à une fenêtre de la ferme. Elle n'avait pas voulu d'abord renouer connaissance, à cause de sa maîtresse : mais le lendemain — c'était ce jour-là — elle revenait à Ormoy pour dire à Geneviève combien elle était heureuse de l'avoir retrouvée.

Vous voyez d'ici le bonheur de Geneviève!

— Je ne me trompais pas, dit-elle avec la fièvre montante : j'ai entrevu cette fille hier.

Elle aurait bien voulu la mettre à la porte; mais comme elle apprit qu'elle habitait Rivry, à trois lieues de là, et qu'elle n'y devait rester que quelques semaines, elle lui fit un accueil amical, tout en lui faisant comprendre qu'elle était à la campagne dans le plus strict incognito.

Elle lui dit même qu'elle ne désespérait pas, l'hiver prochain, de la reprendre à son service à son retour à Paris.

Dès que mademoiselle Théodule fut partie, Geneviève raconta à la fermière avec quel chagrin elle avait retrouvé M. d'Angerville.

— C'est égal, dit la fermière, il y a un dieu pour les amoureux! Tout s'arrangera, je sens ça dans mon cœur.

Mais comment tout cela pouvait-il s'arranger? Vous pressentez bien que M. d'Angerville, retrouvant ainsi Geneviève, ne voulait pas la reperdre sans avoir assouvi sa curiosité, sinon son amour.

Son amour! ce mot vous semble étrange. Vous croyez que j'ai voulu dire *sa haine!* — Non. — Il y avait certes de la haine dans son amour. Mais le vaillant coup de poignard de Geneviève lui avait donné une place dans son cœur. On ne rencontre pas tous les jours une femme trempée à l'antique, qui garde jusque dans sa chute l'énergie des vertus primitives. Il l'avait presque aimée, il l'admirait presque, s'étonnant plutôt que s'indignant du coup de poignard.

Il aurait bien voulu encore la souffleter avec un billet de cinq cents francs; mais, avant de la souffleter, il lui eût baisé la joue.

Voilà pourquoi, le lendemain de bonne heure, entre onze heures et midi, il venait tout seul à la ferme d'Ormoy demander mademoiselle Geneviève d'Ormoy, comme il fût allé voir une de ses petites amies à Paris. Elle était dans le verger, où elle feuilletait un roman. La fermière y conduisit M. d'Angerville.

La jeune fille voulut d'abord ne pas le recevoir; mais l'amour la fit lâche : elle craignait tant qu'il ne parlât, qu'elle espéra lui fermer la bouche.

— Est-ce que vous êtes venu avec M. de la Ferté? demanda-t-elle à M. d'Angerville.

— Mais ne suis-je pas assez grand pour venir tout seul ?

La fermière s'était éloignée.

— Je ne comprends pas, reprit Geneviève.

— Vous ne comprenez pas que je vienne vous donner des nouvelles de celui que vous avez assassiné ?

— Moi ! dit Geneviève, comme si elle fût innocente d'un crime.

— Oui, vous ! Est-ce que vous vous imaginez que je prends au sérieux votre métamorphose en bergère des Alpes ?

— Ce que vous me dites est de l'hébreu pour moi. Je ne vous ai jamais vu et vous me parlez comme si vous me connaissiez !

Mais Geneviève n'était pas assez forte comédienne pour que son masque ne tombât pas tout de suite.

— Eh ! bien, oui, c'est moi ! dit-elle en se levant et en prenant un air de défi. Que voulez-vous faire ? N'êtes-vous content de notre premier duel ? Je vous avertis que je n'ai pas de poignard ; ce serait donc bien lâche à vous...

— Qu'à cela ne tienne ! Si vous voulez, pour continuer la causerie, j'irai d'abord vous chercher un poignard. M. de la Ferté doit en avoir. Est-ce que vous ne vous en servez pas un peu contre lui ?

Geneviève mit la main sur son cœur, comme s'il allait éclater.

— Vous êtes le plus fort, monsieur, car je n'ai que mon cœur, — un cœur blessé ; — tandis que vous avez votre esprit qui tue. Voilà le vrai poignard.

M. d'Angerville prit un air admiratif.

— Eh ! bien, franchement, mademoiselle, je vous trouve superbe dans ce rôle-là. D'abord la beauté va bien à tous les rôles, ensuite vous avez le talent tragique au plus haut degré. Étant tout petit, j'ai vu jouer Rachel, elle n'avait pas des poses si magnifiques.

Geneviève ne pouvait se tenir ; elle s'appuya contre un pommier.

— A merveille ! reprit M. d'Angerville, vous n'avez plus qu'à lever la main pour cueillir une pomme. J'ai l'air de me moquer, mais la vérité, c'est que je vous trouve plus adorable que jamais. Autrefois j'ai eu un caprice pour vous, aujourd'hui je sens que c'est une vraie passion.

Il tendit la main vers la main de Geneviève, mais elle le repoussa, comme si elle eût senti le serpent.

— Vous me prenez donc pour l'ennemi du genre humain? Vous continuez la métamorphose en action. Cependant, je vous jure, Geneviève, que je ne fais pas de phrases et que je vous aime. Si je vous ai offensée, donnez-moi mon quart d'heure de grâce!

Geneviève garda le silence. Elle finit par lever les yeux sur M. d'Angerville.

— Oui, votre quart d'heure de grâce, lui dit-elle; oui, j'oublierai que tout mon malheur me vient du jour où je suis allée chez vous. Mais je veux bien ne plus m'en souvenir, si vous me jurez que vous avez oublié vous-même.

— Oublié! oublié! vous en parlez bien à votre aise. Comment puis-je vous oublier ? Et si j'oublie...

— Si vous n'oubliez pas pour vous, oubliez pour les autres.

— Soit! je veux bien, je ne parlerai de vous qu'à vous-même.

M. d'Angerville s'était levé et s'était approché de Geneviève jusqu'à presque lui baiser les cheveux. Elle comprenait bien alors que si elle ne voulait pas que tout fût perdu, il lui fallait s'adoucir beaucoup.

Sans laisser tomber sa haine à ses pieds,

elle l'étouffa pour un instant. Cette fois, elle laissa sa main à M. d'Angerville.

— Voyons, Geneviève, reprit-il amoureusement, je vous aime trop pour que vous me soyez si méchante. Je vous ai parlé d'un quart d'heure de grâce ; eh bien ! accordez-moi un quart d'heure de votre vie.

— Un quart d'heure ! répliqua Geneviève.

— Oui, ne donnez-vous pas des heures à Horace ?

— Je lui donne des heures, mais je ne lui donne que cela.

Ce n'était pas l'affaire de M. d'Angerville.

— Remarquez, reprit-il, que vous me devez bien une revanche. Les gens que vous tuez se portent assez bien, mais enfin on ne tue pas les gens comme ça. Suis-je donc un monstre ?

— Oh ! mon Dieu, non, dit Geneviève ; pour celle qui vous aimerait, vous seriez même un homme fort agréable.

— Alors, qu'eussiez-vous fait de plus, si j'étais un monstre ?

— Je ne vous aurais peut-être pas manqué.

— Ne jouons pas sur les mots, mais vous

m'avez manqué—et vous me manquez encore aujourd'hui.

Geneviève semblait ne pas écouter; elle était toute à une idée qui venait de lui passer par la tête.

XII

QUATRIÈME DUEL MYSTÉRIEUX

Or, voici cette idée.

Puisqu'elle avait commencé à jouer la comédie avec Horace qu'elle aimait tant, pourquoi ne la jouerait-elle pas avec M. d'Angerville qu'elle haïssait ?

Puisque mademoiselle Théodule était venue la troubler aussi, elle ne voulut pas qu'elle fût venue pour rien. Si elle la donnait en pâture à M. d'Angerville, au lieu de se donner elle-même ? Mais était-il homme à s'y laisser prendre ? Elle se rappela le comte d'Almaviva, qui ne reconnait pas sa femme parce qu'il croit tenir Suzanne. Quoi de plus vrai que les choses invraisemblables ? Quoi de plus invraisemblable que les choses vraies ?

Mademoiselle Théodule avait à peu près sa taille; n'avait-elle pas mis ses robes ? Une femme de chambre copie toujours sa maîtresse, surtout quand sa maîtresse n'est pas là. Certes, elle ne compromettrait pas la vertu de mademoiselle Théodule, qui n'avait jamais eu de vertu; car elle était de ces femmes qui font le mal comme si c'était leur devoir.

— A quoi rêvez-vous ? dit tout à coup M. d'Angerville, voyant que Geneviève ne lui répondait plus.

— Je rêve à un traité de paix.

— A la bonne heure ! Il n'y a pas de femme qui n'ait son accès de clémence après son accès de cruauté.

M. d'Angerville voulut prendre Geneviève et l'enrouler dans ses bras, tout à fait comme le serpent de la Genèse. Elle vit bien qu'il était temps de se décider, car sa résistance ferait éclater le secret.

— Eh bien ! dit Geneviève, soyez généreux. Ne dites pas un mot du passé et jurez-moi que vous partirez demain matin; moyennant quoi vous me trouverez ce soir dans le petit bois qui sépare Ormoy de la Ferté.

M. d'Angerville ne voulut pas douter de son bonheur.

— A quelle heure ?

— A dix heures.

— C'est cela. Horace jouera au reversis avec

sa tante, et j'irai fumer un cigare en vous attendant.

— Par exemple, ne vous étonnez pas de me voir en paysanne : je prendrai une robe et une coiffe de la fermière.

Disant ces mots, Geneviève donna sa main à baiser à M. d'Angerville.

— Tenez, lui dit-elle, vous me reconnaîtrez à cette bague, un diamant de ma marraine.

M. d'Angerville n'en demanda pas davantage.

Dès qu'il fut parti, Geneviève envoya un exprès à mademoiselle Théodule, qui heureusement était libre ce jour-là.

— C'est une comédie, lui dit Geneviève. Il faut que ce soir vous alliez au bois voisin ; je vous y conduirai, vous serez déguisée en paysanne et vous ferez comme si c'était moi. D'ailleurs vous êtes jolie, et la nuit vous avez les mains blanches. C'est un jeu, c'est un pari, c'est tout ce que vous voudrez. Vous rencontrerez un beau jeune homme qui vous récompensera plus tard. Je vous mets cette bague au doigt pour qu'il vous reconnaisse sans que vous lui parliez. Je ne me suis engagée à rien, — qu'à un rendez-vous.

— Je comprends, mademoiselle; je ne suis

pas en peine dans une affaire de rendez-vous.

La comédie fut-elle bien jouée? Mademoiselle Théodule se révéla-t-elle à M. d'Angerville comme un dragon de vertu? Se laissa-t-il prendre à cette copie de Geneviève sous l'habit d'une paysanne? Que vous importe? Ce qui est certain, c'est que le lendemain il quittait le château de la Ferté.

Mais ce qu'il y a de non moins certain, c'est que Geneviève ne revit plus mademoiselle Théodule.

— Hélas! dit-elle avec inquiétude, qui sait si cette comédie ne se retournera pas contre moi?

XIII

UN ADIEU

Mademoiselle d'Ormoy regrettait beaucoup d'avoir joué cette comédie digne de Geneviève d'Or, indigne de Geneviève d'Ormoy. Elle n'avait, vous le savez, que la fermière pour confidente.

Une confidente discrète, mais impossible, car cette femme n'était jamais seule; elle avait à ses trousses toute une queue d'enfants, de neveux et de nièces; son mari survenait à toute heure du jour; les gens de la ferme entraient à tout propos. C'est à peine si le soir la fermière sortait sur le chemin vert pour respirer un peu, après une journée fort laborieuse. C'était le moment où Geneviève s'emparait d'elle.

— Voyez-vous, disait sans cesse Geneviève, ce beau rêve-là va s'évanouir. Un de ces jours j'apprendrai que, grâce à une indiscrétion de M. d'Angerville, M. de la Ferté est reparti pour Paris; j'aurai beau pleurer, tout sera fini.

— Mais non, mademoiselle, répondait Élisabeth, s'il vous aime, il ne partira pas, ou, s'il part, il reviendra.

— Vous ne connaissez pas la vie de Paris, Élisabeth. Quand M. de la Ferté y sera repris, il ne lui faudra pas longtemps pour m'oublier.

— Moi, je ne crois pas cela.

— S'il part pour ne plus revenir, je ne m'en relèverai pas, je me connais bien; aussi il m'est venu une idée singulière, c'est de prendre les devants.

— Pas si bête ! C'est toujours celui qui est quitté qui est le plus amoureux.

— Eh! bien, voyez-vous, comme je pressens que M. de la Ferté partira ces jours-ci, je crois que je m'en irai demain.

— Pas pour longtemps, rien que pour voir s'il vous aime bien.

— Peut-être ! Pourrais-je rester longtemps sans embrasser mon enfant ?

— Et vous partirez comme ça sans tambour ni trompette ?

— Oh ! j'écrirai à M. de la Ferté.

— Il faut lui écrire une lettre bien tendre. Il

faut qu'il sente bien tout ce qu'il aura perdu si vous n'êtes plus là.

Le dessein de Geneviève était bien arrêté; ce soir-là, quand elle fut dans sa petite chambre, elle écrivit cinq ou six lettres plus insensées les unes que les autres, où d'ailleurs elle s'appliquait bien plus à changer son écriture qu'à trouver des expressions touchantes.

Elle tremblait qu'Horace ne la reconnût à son écriture, puisqu'il avait déjà une lettre d'elle. Aussi, elle avait travaillé plusieurs jours à transformer son écriture anglaise du temps de madame de Sévigné, qui est l'écriture à la dernière mode.

Entre toutes les lettres ébauchées, voici celle qu'elle choisit pour être adressée à Horace :

« Monsieur mon cher voisin,

« Nous ne nous verrons plus, ce qui sera pour moi un vif chagrin, car je m'étais habituée à ces rencontres de hasard où vous m'appreniez à aimer la nature par l'esprit comme par les yeux.

« Je n'ai jamais si bien compris le printemps; c'est peut-être qu'en toutes choses il faut être deux.

« Mais ma destinée est d'être seule, si on est seule avec Dieu !

« Adieu.

« MARTHA. »

Geneviève avait choisi la lettre la plus vague et la plus courte. C'était d'ailleurs celle qui devait le plus émouvoir Horace. Et puis, s'il apprenait tout, il n'aurait rien à lui dire.

Le lendemain, à midi, quand il lut ces quelques lignes, il pâlit et porta la main à son cœur. Il lui sembla qu'il recevait un coup de poignard.

Il aimait trop Geneviève pour être indiscret. Mais ce jour-là il monta à cheval et courut chez la fermière, espérant encore que Geneviève n'était pas partie. Or, le premier mot que lui dit cette femme fut celui-ci :

— Eh ! bien, monsieur, c'est fini, nous ne la verrons plus !

Et la fermière, en bonne confidente de comédie, s'était mise à pleurer.

— Mais pourquoi est-elle partie ?

— Ah ! pourquoi ? Vous le savez mieux que moi...

Et, baissant la voix, Élisabeth ajouta :

— Voyez-vous, c'est qu'elle avait peur de vous aimer.

— Et où est-elle allée ?

— Où l'on va toujours : à Paris.

— Elle ne va pas revenir ?

— Oh ! pour cela, non. Si elle devait revenir, elle n'eût pas pleuré comme elle l'a fait. Ça faisait pitié : deux ruisseaux de larmes !

— Elle vous écrira. Vous savez où elle est, à Paris ?

— Ma foi, non. Peut-être m'écrira-t-elle, mais je crois que si elle ne va pas en Italie, elle reviendra l'automne prochain passer quelques jours avec moi.

Horace était désespéré. Il remonta à cheval en se demandant s'il ne partirait pas le jour même pour Paris.

Il salua la fermière et éperonna son cheval. Mais quand il fut à la porte du cimetière, il le retint et promena ses yeux sur toute la vallée.

— Ah ! comme j'ai été heureux ici ! murmura-t-il, ému jusqu'aux pleurs.

Horace descendit de cheval et cueillit des marguerites à la porte du cimetière.

Tous les souvenirs de son amour s'animèrent et firent cortège à l'image de Geneviève.

— Est-il possible que tout ceci ne soit qu'un rêve ? Ah ! elle avait peur de m'aimer ! Eh bien, moi, je n'avais pas peur ; je mettais mon cœur dans cette adorable passion.

Il continua son chemin, après avoir jeté un regard d'adieu à ces magnifiques prairies qui semblaient le railler par leur beauté plus radieuse encore.

Il tenta un instant de se soumettre à la raison.

— Après tout, ce qu'elle a fait là me sauve peut-être d'une insigne folie ; je n'ai pas de fortune ; me faudrait-il ruiner ma mère et ma tante pour avoir de quoi vivre avec Martha ?

Mais la raison ne tient pas, dans ces heures de passion désespérée.

— Oui, mais vivre sans Martha, c'est mourir tous les jours !

Il se mit à réfléchir qu'il semblait né pour que l'amour lui échappât sans cesse. Il n'avait pu retrouver Geneviève d'Or ; maintenant qu'une seconde passion avait presque effacé la première, il désespérait aussi de retrouver celle qu'il appelait Martha d'Ormoy.

En arrivant au château, il lui fallut ouvrir son cœur, non pas à sa tante, mais à son lointain ami.

Horace prit la plume :

« Tu vas reconnaître, mon cher Frédéric, que j'ai un rude guignon. Si je ne te voyais pas rire d'ici, je dirais que je suis malheureux comme les pierres ; je m'étais repris à aimer la vie parce que je m'étais repris dans l'amour d'une autre femme. Mais voilà que je la perds comme la première. Et toi, bête comme les sept sages de la Grèce, tu vas te réjouir pour moi.

« Mais les sept sages de la Grèce n'ont qu'une sagesse stérile, puisqu'ils proscrivent la passion. Or, l'homme sans passion, c'est le navire sans voiles ; il a un gouvernail, mais il ne peut pas marcher.

« Eh ! bien, tu vas dire ce que tu voudras ; mais sans l'amour je ne suis bon à rien. Et ce qui est plus triste, c'est que je suis amoureux sans amoureuse.

« Je t'ai parlé de cette jeune fille, je t'ai dit que c'était un ange de beauté et de vertu. Elle a eu peur de moi, elle s'est envolée !

« Si jamais je la retrouve, car je vais retourner à Paris pour cela, ne t'étonne pas de me voir accourir à Montpellier pour supplier ma mère de donner son consentement à un mariage qui ne sera raisonnable que pour moi.

« Je sais bien que si ma mère me donne son

consentement, il y aura encore le tien à obtenir; mais je te ferai des sommations respectueuses.

« Ce que c'est pourtant que d'avoir été à l'école de « la blague » ! J'ai l'air de rire, quand j'ai la mort dans l'âme. Je t'embrasse bien tristement.

« HORACE. »

A cette lettre, Frédéric se hâta de répondre par celle-ci :

« Tu vas me dire, mon cher Horace, que je suis le huitième sage de la Grèce; mais enfin l'amitié sérieuse a ses devoirs.

« Comment! tu oses m'écrire des choses aussi insensées ? Tu rencontres un matin une belle coureuse de champs, tu t'enflammes comme Don Quichotte, parce que Sancho Pança n'est pas avec toi; tu bouleverses toute la sagesse ancienne et moderne; tu vas jusqu'à vouloir l'épouser quand tu aurais pu sans doute l'épouser de la main gauche!..

« Qu'est-ce que tout ce roman? Une fille qui n'a ni père ni mère, sans pour cela être orpheline! Une châtelaine qui vit dans une ferme!

Une fille noble qui s'appelle mademoiselle Sans-le-Sou !

« L'école de « la blague » dont tu me parles avait un avantage, c'est qu'elle nous empêchait de tomber dans le panneau. Mais dès que tu retournes à la campagne, tu deviens d'un primitif à faire peur.

« Voyons, mon cher Horace, secoue ta tunique de Némorin et laisse Estelle à ses vaches. Ne t'avise pas de faire du chagrin à ta mère, ni à ton meilleur ami.

« Frédéric.

« *P.-S.* — Ceci est pour répondre à ta future sommation respectueuse. »

XIV

PLUS ON SE FUIT, PLUS ON SE RETROUVE

Cependant, Horace était retourné à Paris. Ce fut vainement qu'il chercha Geneviève partout, même par les yeux du préfet de police. Paris est le pays où l'on se cache le mieux, parce qu'il y a à Paris cent mondes divers qui ne se connaissent pas.

En dehors des milliers de célébrités du beau monde et du demi-monde, en dehors du tout-Paris, on peut dire qu'on vit chacun chez soi, pour sa famille et pour ses amis.

Après avoir erré dans les lieux publics, aux Champs-Élysées, au Bois, au théâtre, Horace comprit que c'était chercher une aiguille dans une botte de foin. Pourtant il découvrit l'hôtel où demeurait madame d'Ormoy; mais les cinq louis qu'il donna au concierge ne lui servirent qu'à apprendre ceci :

Il y avait près de deux ans que la baronne n'avait vu ses deux filles; elle continuait à vivre dans toutes les hontes d'un amour adultère. On disait qu'Achille Delorme la rendait malheureuse, mais il paraît qu'elle s'accommodait de ce malheur-là. Elle s'acharnait à cette fatale passion qui lui était venue sur le tard, et qui ne lui laissait pas d'espoir, si elle la finissait, d'en recommencer une autre.

En entrevoyant le tableau de cette existence, Horace avoua que Frédéric avait peut-être raison.

Comment songer à épouser la fille d'une telle femme! Mais, dès que ce souvenir lui remettait devant les yeux la blanche et divine figure de Geneviève, il se disait :

« C'est odieux de rendre la fille responsable de la mère! N'est-elle pas d'autant plus pure que sa mère est plus dépravée? »

Geneviève vivait-elle comme une jeune fille impeccable? La « coureuse de champs », selon l'expression de M. Frédéric Orvins, ne courait-elle pas en ce moment les hasards de Paris? Qui sait si elle se préserverait toujours?

Mais Horace ne voulait pas douter de sa chasteté, de sa fierté, de sa dignité. Et puis, chaque fois qu'il la frappait d'un soupçon, il se hâtait de la mettre plus haut sur le piédestal de son admiration.

Un profond ennui avait pris Horace. Dans son découragement, il trouva Paris si étranger à son cœur et à son esprit, qu'il aima mieux aller pleurer Geneviève là où il l'avait aimée. D'ailleurs, il ne désespérait pas de la rencontrer à Ormoy, ou au moins d'y avoir de ses nouvelles. Il était impossible qu'elle n'écrivît point à la fermière. Il avait bien pensé à écrire à cette femme, mais il ne voulait pas, pour Geneviève elle-même, qu'on fît du bruit avec sa lettre.

Il ne fut pas trop surpris, à sa première promenade mélancolique sur le chemin d'Ormoy, d'apercevoir la jeune fille — « son filleul » à la main. — L'enfant commençait à marcher depuis quelques jours.

La joie d'Horace s'évanouit bien vite en voyant la pâleur de Geneviève. Elle semblait métamorphosée depuis un mois. L'enfant trébuchait à chaque pas ; mais Geneviève semblait ne pas se tenir elle-même. Et quel abattement! et quelle tristesse !

— Je vous retrouve! dit Horace, arrivant à pas pressés.

— Non, dit-elle d'un air de désenchantement, vous ne me retrouvez pas, car je ne suis plus moi !

— Que vous est-il arrivé ?

— Rien... J'ai pleuré...

Elle détourna la tête et regarda l'enfant.

— Sans lui, je serais déjà morte. Mais cet enfant a besoin de moi, parce que sa mère...

— Pourquoi m'avez-vous fui ?

— Parce que j'avais peur de moi-même.

— Vous m'aimez donc ?

— Si je vous aime !...

Geneviève embrassa l'enfant.

Horace ne voulut pas réfléchir dans cette retrouvaille inespérée d'un amour perdu. Aussi dit-il à Geneviève, en laissant parler son cœur :

— Martha, si vous m'aimez, soyez ma femme !

Le cœur avait si bien parlé, que Geneviève tomba dans les bras qui lui étaient ouverts.

Et comme dans les choses les plus sérieuses la comédie humaine ne perd jamais ses droits, l'enfant tomba sur l'herbe; mais l'enfant ne s'en trouva pas mal, tandis que Geneviève était évanouie : elle n'avait plus la force de supporter sa joie.

Ce ne fut que le nuage d'un instant; elle rouvrit les yeux pour remercier Horace.

— C'est bien, Horace, ce que vous venez de

me dire; mais je vous aime trop pour ne pas vous répondre que c'est impossible.

— Impossible ! Pourquoi ?

— Un homme comme vous n'épouse pas une femme comme moi !

— C'est-à-dire que vous valez bien mieux que moi ! Vous avez toutes les vertus, et moi j'ai traversé tous les désœuvrements. Si je vaux quelque chose, c'est par l'amour que vous m'avez donné. Grâce à vous je suis redevenu un homme. Je vous en supplie, dites-moi que vous êtes ma femme ! Si vous me le dites, je vous jure devant Dieu...

— Chut ! ne jurez pas ! Je vous donne huit jours pour réfléchir.

Horace dit que dans huit jours il jurerait huit fois ; il baisa avec transport les mains de Geneviève ; il la reprit dans ses bras et l'appuya tendrement sur son cœur.

— Ne suis-je pas maître de ma destinée ? Voulez-vous donc que je tue mon bonheur ?

— Songez que je suis pauvre, que je n'ai pour ainsi dire plus de famille, que je suis une fille calomniée. Et puis, que dirait votre mère en pensant à la mienne ?

— Quand ma mère vous verra, elle dira que j'ai bien fait.

— D'ailleurs, songez que nous n'avons pas les mêmes idées : je voudrais vivre éternellement ici, dans ce coin de paysage.

— Eh ! bien, nous vivrons éternellement ici. Me croyez-vous donc encore affamé de la vie parisienne ?

— On m'a parlé de votre tante ; elle ne vous permettra pas de m'épouser.

— Ma tante m'aime trop pour vous haïr. Vous êtes une charmeuse. Dès qu'elle vous verra, elle vous appellera sa fille et nous vivrons au château de la Ferté. Qui sait ? nous reviendrons peut-être au château d'Ormoy, car ce bonhomme Delorme ne s'y fera jamais. D'ailleurs, les folies de son fils à Paris l'obligeront à le revendre.

Geneviève s'était assise sur l'herbe, à côté de l'enfant.

— Voilà mon rêve, poursuivit Horace, une femme et trois ou quatre enfants. J'espère bien que dans un an vous en aurez déjà un à bercer. Celui-ci est très joli, mais je vous avoue que je suis jaloux de votre tendresse pour lui.

Geneviève eut un tressaillement.

— Que voulez-vous ? je n'osais pas vous aimer... il me fallait bien aimer quelque chose.

— Oh ! je ne vous en fais pas un crime. Un peu plus, j'aimerais moi-même cet enfant.

Horace ne quitta Geneviève que pour la revoir le soir même.

Quand il se fut éloigné, elle serra l'enfant dans ses bras. « O mon cher petit Horatio, quand je pense que je n'ai plus le droit d'être ta mère ! » — Elle pleurait. — « Et pourtant je suis bien heureuse ! » Il y avait en elle deux femmes : la mère, et la fiancée. Dieu lui permettrait-il d'être à la fois une heureuse épouse et une heureuse mère ?

Je ne peindrai pas ici tout le génie que mit Horace pour convaincre sa tante, sa mère et ses amis, qu'il mourrait de chagrin s'il n'épousait pas mademoiselle d'Ormoy. Sa véritable éloquence fut d'envoyer le portrait de Geneviève. Elle avait, surtout alors, une de ces figures touchantes et expressives — l'âme de la beauté, — une de ces figures presque divines qui conquièrent tout le monde, même les plus rebelles.

Après bien des remontrances, après un voyage rapide à Montpellier, où il persuada sa mère et d'où il ramena son ami ; après la promesse formelle qu'il fit à sa tante de vivre presque toujours au château de la Ferté, Horace triompha sur toute la ligne.

Ce fut une vraie joie dans le pays. On aimait Geneviève pour sa douceur et sa résignation ; on l'aimait aussi par haine des Delorme, qui jouaient brutalement aux aristocrates, comme s'il suffisait d'acheter un château pour avoir de beaux sentiments et pour acquérir l'autorité de la naissance.

Aussi on ne leur envoya pas de lettres de faire part, ce qui fit bien plaisir aux pauvres du pays, qui ne les connaissaient que par ouï-dire, tandis que les autres enrichis étaient fort charitables.

Le mariage fut d'ailleurs retardé par l'absence du baron d'Ormoy. Horace télégraphia à New-York : le père fut représenté à Ormoy par le consul américain à Paris, qu'il avait connu là-bas.

Madame d'Ormoy donna son consentement, en ayant le bon goût de ne pas paraître.

Ce fut d'ailleurs une grande surprise dans l'aristocratie normande et picarde quand on lut cette lettre de faire part :

Madame la comtesse de la Ferté, veuve de M. le comte de la Ferté, ancien général de brigade, a l'honneur de vous faire part du mariage de son fils, M. le comte Horace de la Ferté, avec mademoiselle Martha-Geneviève d'Ormo

Et vous prie d'assister à la bénédiction nuptiale qui leur sera donnée, en l'église d'Ormoy, le mardi 24 juin, à onze heures.

Pourquoi ce prénom de Martha dans la première comme dans la seconde lettre, quoique ce prénom-là n'appartint pas à Geneviève ? C'est qu'Horace n'avait pas regardé l'acte de naissance de Geneviève pour rédiger les lettres de faire part ; c'est que Geneviève d'Ormoy, craignant toujours Geneviève d'Or, n'avait pas avoué à Horace qu'elle l'avait trompé en prenant le nom de sa sœur.

Au moment du mariage, Horace lui fit remarquer qu'elle ne s'appelait pas Martha.

— Je le croyais, dit-elle, parce que la marraine de ma sœur nous appelait Martha toutes les deux.

Horace ne vit pas là un mensonge. Geneviève demanda pardon à Dieu de jouer cette comédie de l'innocence ; elle demanda aussi pardon à Dieu de mettre une robe blanche pour aller à l'autel : n'était-ce pas profaner la robe des vierges ?

— Quoi ! vous vous mariez, et vous êtes triste ? dit la fermière en l'habillant.

— Oh! oui, je suis triste. C'est que je ne suis pas digne de mon bonheur, c'est que je ne crois pas à mon bonheur... Songez donc, ma chère Élisabeth, que si Horace apprenait que je lui ai menti, il me tuerait. Et puis ce pauvre enfant qui n'en sera que plus orphelin encore par ce mariage !

— Mais puisque cet enfant est le fils de M. Horace, vous ne le trompez pas !

— Mais vous ne comprenez donc pas encore une fois que si Horace me reconnaît pour être Geneviève d'Or, il se dira qu'il a épousé une courtisane et il me tuera, ou, ce qui est bien pis, il m'abandonnera !

— Comment voulez-vous qu'il découvre jamais cette histoire-là ?

— Qui sait !

Le mariage se fit en grande pompe villageoise. Ce fut un massacre de fleurs sur les pas de la mariée ; il semblait qu'on voulût la venger de toutes les injures dont le père Delorme se faisait encore l'écho.

Les grandes familles des châteaux voisins vinrent à la messe ; les jeunes filles d'Ormoy chantèrent le *Gloria* et l'*O Salutaris* avec les enfants de chœur.

Le soir même, Geneviève était au château

de la Ferté, charmant tout le monde, mais surtout la tante et l'ami d'Horace.

Quand ce fut l'heure de passer dans la chambre nuptiale, Horace s'aperçut, dans la demi-lumière, que sa fiancée était enveloppée d'une longue chemise de batiste qui lui descendait plus bas que les talons. C'est que Geneviève n'avait pas voulu lui rappeler, en lui laissant voir le grain de beauté de son pied, la première nuit qu'ils avaient passée ensemble, rue de Ponthieu, après la fête de mademoiselle Vingtans.

A l'heure même où Horace éteignait la dernière bougie, — où Geneviève dévorait ses larmes de joie et ses larmes de repentir, — Frédéric, conduisant la vieille châtelaine à la porte de sa chambre, lui dit en lui serrant la main :

— Après tout, je crois qu'ils seront heureux !

LIVRE IV

LE MASQUE TOMBE

I

HORATIO

On l'a dit de toute éternité, l'histoire du bonheur ne se raconte pas. Voilà pourquoi, dans les contes de fées, après toutes les aventures périlleuses et tragiques, quand on arrivait à ces mots : « Ils furent heureux et ils eurent beaucoup d'enfants ! » il n'y avait pas un mot à ajouter.

Geneviève avait la fièvre dans son bonheur ; elle croyait faire un beau songe et elle avait peur de se réveiller. Horace était charmant, toujours amoureux et toujours gai. Mais si Geneviève voyait chuchoter sa tante avec le curé, si deux domestiques parlaient mystérieusement, si le facteur arrivait avec des lettres de Paris, elle tremblait dans ce château de la Ferté que le château de son bonheur ne fût renversé tout d'un coup.

Elle souffrait aussi de ne presque plus voir son enfant.

Horace, qui avait tant aimé le chemin de Marville, paraissait ne plus vouloir aller de ce côté. C'était le parc de la Ferté qu'il indiquait toujours pour les promenades à pied. C'était la forêt d'Ourches qu'il préférait pour les promenades en victoria, parce qu'on était au cœur de l'été et que la forêt avait quatre admirables avenues ombreuses, où les brises secouaient les âpres aromes des grands arbres.

Un matin, la nourrice, qui s'ennuyait de ne pas voir Geneviève, vint jusqu'au château de la Ferté avec l'enfant dans ses bras. Elle venait de faire deux lieues à travers champs. Geneviève fut avertie par la voix de son fils. Elle s'habillait pour le déjeuner. Elle descendit à la hâte et courut embrasser l'enfant dans la cuisine, toute joyeuse de le voir riant et rose.

Par malheur, elle n'avait pas embrassé deux fois Horatio quand son mari la surprit. Ce fut comme un coup de théâtre, car elle crut une fois encore qu'elle était démasquée; mais elle se remit aussitôt.

— N'est-ce pas qu'il est joli, mon filleul ?

— Très joli. Mais venez déjeuner : on va faire déjeuner ici la nourrice et l'enfant.

Horace avait plusieurs fois embrassé Horatio à Marville; mais ce jour-là il ne l'embrassa pas, ce qui fit de la peine à Geneviève qui, en même temps, fut offensée par ces paroles : « On va faire déjeuner ici la nourrice et l'enfant. »

— Pauvre Horatio ! pensa-t-elle.

Et, après l'avoir encore embrassé, elle dit tout haut:

— Je suis sûre que madame de la Ferté serait charmée de le voir.

— Ma foi ! non, dit Horace; c'est tout au plus si ma tante aimera mes enfants.

Geneviève suivit tristement Horace dans la salle à manger. Elle semblait avoir perdu l'appétit.

— Eh bien ! lui dit-il au bout de quelques minutes, cette visite vous a donc coupé l'appétit ?

— Je n'avais pas faim, répondit-elle. Que voulez-vous ? je m'étais habituée à jouer avec cet enfant; il me semble qu'il aura du chagrin pour avoir été si mal reçu.

— Allons donc, ma chère amie, il aime bien mieux un bonbon qu'un baiser.

Horace donna l'ordre au valet de chambre de porter à l'enfant des macarons qui étaient sur la table.

— Oh! j'y vais moi-même, dit Geneviève, comme entraînée malgré elle.

Elle prit l'assiette de macarons et courut à la cuisine. C'était pour embrasser encore Horatio.

Quand elle reparut, Horace lui dit avec une pointe de mécontentement :

— Voyons, ma chère Martha, il faut garder votre amour pour vos enfants à vous.

— Vous avez raison, dit Geneviève, mais si je n'en avais pas!

— Eh bien! je suppose que vous n'adopteriez pas celui-ci?

Geneviève fit semblant de ne plus penser à l'enfant; mais comme elle fut triste quand il lui fallut, au sortir de table, monter en voiture pour faire une visite au château voisin! Elle se risqua pourtant encore à embrasser une dernière fois Horatio, pendant qu'Horace était allé chercher ses gants.

— Ne revenez pas, j'irai vous voir, dit-elle à la nourrice.

Aussi, quelques jours après, elle demanda à Horace la permission d'aller causer un peu avec la fermière d'Ormoy.

— Je te conduirai chez elle, dit Horace.

— J'aimerais mieux y aller seule, parce qu'il y a si longtemps que je n'ai passé une après-midi avec cette brave Élisabeth ! Quand elle vient ici, elle n'ose plus me parler. Ce sera une fête pour elle de m'avoir pendant trois ou quatre heures.

— Eh bien ! ma chère amie, prends le coupé et vas-y. J'irai sans doute au-devant de toi.

On devine bien que Geneviève ne tenait tant à aller à la ferme d'Ormoy que pour voir son enfant. On fit mettre le cheval à l'écurie ; le cocher ne demanda pas mieux que d'aller voir les filles de la ferme faner du foin, pendant que la jeune comtesse, entraînant la fermière, allait de son pied léger jusqu'à Marville où elle s'abandonnait bientôt à toutes ses effusions maternelles.

— Oh ! que j'aime cet enfant, dit-elle en portant sa main à son cœur, sans s'inquiéter de la présence de quelques commères du voisinage.

Elle l'aimait tant qu'elle oublia l'heure. Aussi, quand elle rentra à la ferme, elle y trouva Horace.

Elle vit tout de suite, à sa manière de mâcher son cigare, qu'il l'attendait avec impatience.

— Figure-toi, lui dit-elle en lui prenant doucement la main, qu'à force de nous raconter mille riens, nous nous sommes égarées dans la vallée.

— Est-ce que vous êtes allées à Marville, par hasard?

— Nous sommes allées de ce côté-là.

Le cocher avait attelé. Geneviève dit adieu à la fermière et monta dans le coupé avec son mari.

Comme ils causaient en route de choses et d'autres, Horace lui dit :

— Est-ce que tu n'as pas envie de venir passer quinze jours à Trouville? On dit qu'il y a tout le *high life* parisien ; l'air de la mer te ferait du bien.

Geneviève comprit qu'elle était perdue si les filles du demi-monde étaient là-bas.

— Certes non, je ne veux pas aller à Trouville! Ce n'est qu'une exposition de robes et de chapeaux. Je te ruinerais. D'ailleurs j'aime la mer comme la forêt, dans la solitude. Conduis-moi, si tu veux, à une station abandonnée.

— Il ne faut pourtant pas avoir horreur du monde !

— Toi et moi, c'est l'univers !

Horace appuya Geneviève sur son cœur.

— Oui, mais à force de vivre en sauvages, nous finirons par ne plus nous aimer.

— Alors, allons à Biarritz, par Montpellier.

— Non, puisqu'il est convenu que ma mère viendra ici le mois prochain, et que nous irons passer chez elle trois mois d'hiver.

— Tu t'ennuies déjà ?

— Non, mais nous resterons ici toute la période des chasses. Il ne faut abuser de rien. Je m'étonne que, belle comme tu l'es, tu refuses de montrer ton joli museau dans le monde. Ne crois-tu donc pas que je sois fier de toi ?

— Eh ! bien, nous en reparlerons. Tu sais bien que je ferai tout ce que tu voudras.

On était arrivé. Il se passa alors une scène imprévue.

Une des commères qui avaient assisté à l'entrevue de Geneviève et de son enfant attendait, devant le perron, M. de la Ferté pour lui offrir des rhododendrons et des magnolias à mettre dans la petite provence du château. C'était un endroit abrité, le seul où les plantes délicates eussent droit d'asile.

Quand Geneviève descendit du coupé, cette bonne femme lui dit de sa voix de stentor :

— Eh bien! « mame » la comtesse, j'espère que vous vous en êtes donné du plaisir tout à l'heure !

Horace s'arrêta court, ne comprenant pas.

Geneviève voulut passer outre, comme si elle n'avait pas entendu.

— Ah! par ma foi, continua la commère, vous avez là un joli marmot! c'est la passion de tout le village.

Horace comprit que sa femme avait été à Marville. Il lui fut fort désagréable d'entendre dire : « votre marmot », non pas qu'il eût le moindre doute sur l'état civil de l'enfant, mais enfin il trouvait Geneviève quelque peu ridicule dans son adoration pour son filleul.

— Oui, oui, ajouta la paysanne, ce petit Horatio est la coqueluche de Marville.

— Horatio! dit Horace en regardant Geneviève.

— Pourquoi pas? Ne suis-je pas sa marraine?

Geneviève dit cela si naturellement, que son mari fut désarmé.

Mais à peine furent-ils dans l'antichambre qu'il lui dit froidement :

— Martha, tu enverras, si tu veux, mille francs à ton filleul, mais je ne veux plus en entendre parler.

—Ah! dit Geneviève en dévorant ses larmes, pourrai-je vivre si je ne vois plus cet enfant?

II

MADEMOISELLE THÉODULE AUX BAINS DE MER

Comme Geneviève ne pouvait voir son fils, elle fut la première à reparler des bains de mer. On résolut d'aller à Villers, où Horace avait un de ses camarades de campagne de 1870, un soldat en congé qui n'avait jamais vécu à Paris, si bien qu'il n'inquiétait pas Geneviève.

Horace loua une petite villa, un vrai nid d'amoureux dans les arbres; car on sait que Villers-sur-Mer pourrait s'appeler Villers-sous-Bois.

Geneviève eut un grand succès de beauté, quoiqu'elle se montrât à peine; elle ne sortait guère que pour aller prendre son bain. Le plus souvent elle mettait un double voile, sous prétexte que l'air de la mer était mauvais à son teint.

Elle se croyait tout à fait inconnue dans ces parages presque solitaires, d'autant plus qu'elle n'allait se baigner qu'à l'heure où les

Parisiennes n'y allaient guère. Mais un jour, comme elle s'en revenait à la petite villa que son mari avait louée, elle fut rencontrée à visage découvert par un homme et une femme qu'elle ne s'attendait pas à voir par là.

C'était le comte d'Angerville et mademoiselle Théodule.

Oui, mademoiselle Théodule elle-même, non plus dans son habillement de paysanne d'Ormoy, mais dans une robe taillée par une grande couturière, sous les inspirations de Worth lui-même.

Ce fut comme un choc inattendu. Geneviève détourna la tête, mais il était trop tard. M. d'Angerville, d'ailleurs, était trop bien élevé pour la saluer, puisqu'il donnait le bras à sa maîtresse.

Tout en détournant la tête, Geneviève surprit un sourire des amoureux, qui exprimait la joie la plus franche. Quoiqu'elle fût très effrayée de cette rencontre, elle ne put s'empêcher de sourire elle-même. Elle s'était bien doutée que puisque mademoiselle Théodule n'avait pas reparu, non plus que le comte d'Angerville, c'est qu'ils avaient fait route ensemble; mais elle n'avait pu s'imaginer que le voyage durât encore.

Une fois de plus, elle pensait à tous ces étranges romans que fagote l'amour, quand elle entendit un pas rapide derrière elle. Elle ne voulut pas se retourner, mais elle fut bientôt rejointe par mademoiselle Théodule.

— Pardonnez-moi, madame, lui dit cette fille, je ne vous ai pas revue par la bonne raison que le comte m'a enlevée.

— Enlevée !

— Pourquoi pas ?

— Vous avez raison.

Geneviève ne voulait pas offenser cette fille, qui tenait ce jour-là son salut dans ses mains ; mais, dans sa fierté naturelle, elle avait bien envie de lui dire : « Parlez-moi donc à la troisième personne. » Mais elle lui fit le plus gracieux salut du monde pour regagner ses bonnes grâces.

— Et maintenant, dit-elle quand elle fut seule, que va-t-il m'arriver ?

Elle se retourna à demi avec une vague inquiétude ; elle fut surprise de voir que mademoiselle Théodule la poursuivait.

— Madame, madame, dit cette fille tout essoufflée, je reviens, car j'oubliais...

Elle défit son gant et montra à Geneviève

la bague en brillants qu'elle lui avait mise au doigt pour le fameux rendez-vous dans le bois d'Ormoy.

— Eh bien ! dit Geneviève, je ne vous comprends pas, car je vous ai donné cette bague.

— Je ne savais pas, répondit mademoiselle Théodule. J'attendais l'occasion de vous la remettre.

— Pas du tout, gardez-la.

— Vous êtes charmante; je vous remercie, madame.

Cette fois, on se quitta en bonne intelligence.

— C'est égal, murmura Geneviève, je ne réponds pas du comte d'Angerville.

Elle résolut de décider son mari à partir tout de suite de Villers-sur-Mer. Mais, dès qu'elle parla de partir, Horace lui dit qu'il voulait d'autant plus rester qu'il venait de rencontrer un de ses amis qu'elle connaissait déjà, M. d'Angerville.

— Je voudrais bien rester, murmura Geneviève, mais nous ne pouvons voir ici M. d'Angerville, parce qu'il est avec une femme qu'on ne peut pas voir.

Horace demanda deux jours de grâce. Pendant ces deux jours, Geneviève ne vécut pas.

« Et pourtant, se disait-elle, à moins de me cloîtrer dans le château de la Ferté, je rencontrerai trop souvent des témoins de mes jours de misère ! »

On retourna à la Ferté pour l'arrivée de la mère d'Horace. Quand Geneviève vit la mère embrasser son fils, elle ne put retenir ses larmes. « Moi, je ne puis pas embrasser mon fils ! » pensa-t-elle amèrement.

Elle n'osa même pas aller chez la fermière d'Ormoy, mais elle espérait qu'elle aurait bientôt la force de demander à Horace de la conduire chez son filleul.

Elle fit la conquête de madame de la Ferté, qui était une femme difficile à vivre. Elle avait été fort jalouse dans son temps, ayant appris, par les maîtresses de son mari, à avoir une mauvaise opinion des femmes. Mais devant la chaste et douce beauté de Geneviève, elle se sentit vaincue. Déjà, d'ailleurs, elle l'avait aimée sur sa photographie, bien plus que sur les éloges enthousiastes de son fils.

Aussi madame de la Ferté n'eut pas hâte de retourner à Montpellier; il fut décidé qu'elle passerait au château tout l'automne et qu'elle emmènerait avec elle les jeunes époux pour retrouver le soleil dans le Midi.

Le château de la Ferté fut très bruyant et très gai pendant les premiers mois de la chasse.

Geneviève fut de la chasse à courre. Madame Laferrière lui avait envoyé le plus merveilleux costume et elle montait le meilleur cheval du château. Henry de Montaut l'a peinte « à travers bois » dans toute sa beauté intrépide.

Toutes les semaines, Horace avait des amis qui déjeunaient et dînaient joyeusement. Le soir, on improvisait des comédies. On alla même jusqu'à danser et valser avec quelques voisines héraldiques, de vraies provinciales endimanchées qui se croyaient des femmes du meilleur monde parce qu'elles habitaient un château, à peu près comme des madones se croiraient des saintes parce qu'elles sont dans des niches.

Un soir, Geneviève eut une alerte. On contait des histoires parisiennes. Un conteur plus hardi que les autres, voulant railler Horace sur ses terres, comme pour faire preuve d'indépendance, se mit à narrer l'histoire de ce jeune héritier sentimental qui avait acheté à un prix fou les robes de sa maîtresse, « lesquelles n'étaient pas des robes d'innocence ».

Le lendemain, comme Geneviève écoutait

aux portes, sans le vouloir, elle entendit cette petite conversation entre son mari et un de ses camarades de chasse :

— Ah ! mon cher, comme tu es heureux ! Ta femme a toutes les vertus, la beauté, la chasteté, la charité.

— Tu veux dire qu'elle a toutes les rimes.

— Je ne ris pas, je suis pénétré, moi profane, de ce doux parfum de la vie familiale qu'elle répand autour d'elle.

— C'est la vraie femme du coin du feu.

— Te plaindrais-tu que ta femme fût une Cendrillon ?

— Non, c'est ce qui me ravit en elle.

— A la bonne heure ! C'est ainsi qu'il faut faire une fin. Quand je pense que j'ai failli l'an passé épouser ma maîtresse !

— Oh ! moi je suis de ceux qui n'épousent pas leur maîtresse, même quand ils l'adorent.

Geneviève ressentit un coup violent au cœur ; elle se mit à pleurer en s'éloignant : « Oh ! dit-elle, j'ai toujours senti qu'il ne me pardonnerait pas si jamais je trahissais mon secret ; j'aurais beau me jeter à ses pieds en lui faisant ma confession, il ne me relèverait pas, il m'abandonnerait à moi-même. »

Tout justement, depuis quelques jours,

Horace était si bon pour elle, que Geneviève avait pensé à tout lui dire, tant elle souffrait de toujours jouer la comédie. Et puis, n'avait-elle pas l'espérance d'ouvrir la maison à son fils? Son idéal, c'était d'embrasser dans la même étreinte le père et l'enfant. Mais Dieu lui permettrait-il cette joie? Devrait-elle porter en ce monde la peine de son péché?

III

OU MADEMOISELLE VINGTANS REVIENT SUR LA SCÈNE

Cependant M. et madame de la Ferté partirent pour Montpellier.

Les deux mois qu'on passa à Montpellier ne furent pas bien accidentés. C'était la vie provinciale dans sa dignité glaciale. On ne recevait que le dessus du panier aristocratique. On fut de trois bals : le premier chez le préfet, le second chez le général, le troisième chez une duchesse à trente-deux quartiers. Geneviève enleva tous les cœurs et toutes les admirations. « Mais pourquoi est-elle si triste ? » se demandait-on.

En effet, quoi qu'elle fit pour paraître heureuse, elle avait ses quarts d'heure de dévorante mélancolie, qui la trahissaient même quand elle voulait que sa figure cachât son âme.

Non seulement elle souffrait de ne pas voir

son enfant, mais elle sentait qu'un jour ou l'autre elle serait trahie dans son secret.

Au retour de Montpellier, on s'arrêta à Paris pour quelques jours.

Quoique Horace aimât toujours Geneviève avec passion, il avait bien quelque peu l'effroi du printemps à Marville. Comment brûler sans regret les fêtes d'avril à Paris ? Il fut si suppliant auprès de Geneviève, qu'elle consentit à ne retourner à la Ferté qu'au mois de mai.

Ils étaient descendus au Grand-Hôtel. Être au Grand-Hôtel, n'est-ce pas être à Paris en pays étranger ? Ainsi pensait Geneviève.

Je connais des voyageurs intrépides qui m'ont avoué que jamais ils n'avaient si bien étudié les quatre parties du monde que sur le perron, dans les salons, à la table d'hôte et aux ascenseurs du Grand-Hôtel.

Or, que fit Geneviève quand il fut décidé qu'on resterait là trois ou quatre semaines ? Elle écrivit à la fermière d'Ormoy de venir tout de suite avec l'enfant et de descendre à l'hôtel de l'Athénée. On ne se cache pas à la campagne, mais on se cache à Paris. Horace sortait seul tous les matins. Elle n'aurait qu'un pas à faire pour aller embrasser son cher Horatio.

Ce vœu fut bientôt réalisé.

Les mères comprendront toute la joie de Geneviève. Et pourtant ce n'était pas sans trembler qu'elle allait furtivement d'un hôtel à l'autre. Elle disait à la femme de chambre qu'elle allait à la messe à la Madeleine. Aimer son enfant, c'est prier.

Comme Horace lui dit un jour : « Je ne t'ai pas trouvée à la Madeleine ! » Elle lui répondit : « C'est que j'étais à la Trinité. » Horace se mit à chanter d'un air de doute : *La Trinité se passe...* Mais elle le regarda de son grand œil couleur du ciel : « Tu sais bien, reprit Horace, grande folle, que tu pourrais aller à la messe de minuit sans me donner de jalousie. »

Le soir, ils allèrent aux Bouffes-Parisiens pour voir Théo, non sans quelque appréhension de Geneviève.

Horace avait pris une avant-scène de rez-de-chaussée.

Geneviève se mit dans l'ombre en prétextant une migraine. Elle avait jeté çà et là un regard sur la salle, sans voir une seule figure qui l'inquiétât.

Mais voilà qu'au second acte deux femmes tapageuses entrèrent bruyamment dans l'avant-scène de face, trainant à leurs trousses deux jeunes premiers surchargés d'éventails, de lorgnettes, de sacs de bonbons et de bouquets. Ce fut tout un spectacle dans le spectacle.

On se dit bientôt de bouche en bouche : c'est mademoiselle Vingtans, comme on dit encore : c'est mademoiselle Cora Pearle, comme on disait : c'est mademoiselle Soubise.

Naturellement Geneviève ne dit pas : « C'est mademoiselle Vingtans ! »

Mais Horace répéta ce nom comme tout le monde.

Geneviève laissa tomber l'exclamation de son mari sans la vouloir relever. Elle avait bien vu la courtisane, mais elle fit semblant de ne regarder que le spectacle.

— C'est incroyable ! dit Horace, tout passe à Paris, les empires, les chefs du pouvoir, les ministres, tout cela se démode en huit jours, tandis que ces demoiselles sont toujours à la mode. Nous n'avez jamais entendu parler de mademoiselle Vingtans, Geneviève?

— Laissez-moi donc écouter l'opéra.

— Tout à l'heure, quand Théo chantera.

Et sans prendre garde au désir de Geneviève, il s'obstina à expliquer à sa femme la célébrité de mademoiselle Vingtans.

22.

— Voyez donc, dit-il tout à coup, elle est ruisselante de diamants!

En effet, mademoiselle Vingtans, qui était parée comme une châsse, avait dans les cheveux, aux oreilles et sur le cou, des miracles de pierreries.

Quoi que fît Geneviève pour ne pas regarder, elle regarda pourtant.

A partir de ce moment, mademoiselle Vingtans la lorgna avec une impertinence inouïe : elle avait reconnu Horace, elle voulait voir la figure de sa femme. C'était un œil de lynx, que celui de cette fille. Nul ne connaissait mieux et ne reconnaissait mieux son monde. Elle était grande physionomiste, parce qu'il lui fallait au premier coup d'œil juger dans les amoureux ce qui était vrai et ce qui était *toc*, selon son expression académique.

— Elle est un peu forte, celle-là! dit-elle à sa camarade de loge. Tu sais qu'Horace est marié : il est là-bas avec sa femme. Regarde bien, je veux que le loup me croque s'il n'a pas épousé sa maîtresse.

— Sa maîtresse? Je ne lui connaissais pas de maîtresse!

— Tu sais bien, cette grande Geneviève

d'Or dont nous avons vu vendre les hardes à l'hôtel Drouot?

— Ah! oui. Il l'a donc retrouvée? Je croyais qu'il s'était enseveli avec ses robes, désespérant de remettre la main sur elle.

— Il paraît qu'il a remis la main sur elle, puisqu'elle lui a donné sa main.

— En voilà une qui a fièrement décroché la timbale!

— Après tout, tant mieux, ça encourage les autres. Te figures-tu que je ne trouverais pas à me marier tous les jours? J'ai refusé un prince italien. J'ai refusé un colonel américain. J'ai refusé un lord de l'Amirauté, sans compter les hommes qui ne sont rien, mais qui ont de l'argent.

— Mais moi-même, je n'en suis pas à mon coup d'essai.

— Vois-tu, ma petite, c'est tout simple; ce n'est pas la première venue qui peut mener la vie que nous menons. Il faut être rudement trempée, va ; il faut avoir de l'éducation et de l'estomac. Et si on n'a pas de beauté, et si on n'a pas d'esprit, ce n'est pas difficile d'être une grande dame, ni même une princesse : on n'a que la peine de venir au monde. Tandis que pour devenir une femme à la mode, il faut beaucoup de talent et beaucoup de chance.

Et mademoiselle Vingtans ajouta d'un air glorieux :

— C'est la destinée !

— C'est vrai ! dit l'autre, notre vie est un conte de Perrault; toutes les fées sont venues à notre berceau.

— Oui, reprit mademoiselle Vingtans qui aimait à rire, c'est quelquefois un conte de la Mère l'Oie. Il y en a qui sont si bêtes !

— Oh ! ce n'est pas ça qui les gêne.

La pauvre Geneviève sentit qu'elle avait été reconnue en voyant chuchoter les deux femmes.

Théo était en scène à ce moment, et Horace ne perdait pas une note.

Geneviève avait son crayon dans son carnet : elle se détourna, elle se fit un grain de beauté au coin de l'œil et elle accusa ses sourcils et ses cils.

— Vous êtes folle, ma chère Geneviève, dit Horace qui s'était retourné.

— C'est que, devant toutes ces femmes peintes, il me semble que j'ai l'air d'une morte.

— C'est vrai que vous êtes singulièrement pâle !

La jeune femme s'imaginait qu'elle avait métamorphosé sa figure.

En effet, mademoiselle Vingtans, qui la regardait toujours, disait de temps en temps :

— Ce n'est peut-être pas elle ? Mais je saurai bientôt la vérité.

Naturellement, Geneviève n'attendit pas la fin du spectacle pour s'en aller. Elle ne voulait pas se rencontrer sous le péristyle avec mademoiselle Vingtans, son ancienne camarade d'occasion.

IV

LE SECRET DE LA COMÉDIE

Le lendemain, mademoiselle Vingtans voulut avoir des nouvelles d'Horace; elle recevait tous les jours, entre deux et quatre heures, avant d'aller au Bois. Elle interrogea tous ses amis. Un d'eux lui conta que le sauvage et sentimental Horace était descendu au Grand-Hôtel avec sa jeune femme, un miracle de beauté que personne n'était admis à contempler. Il avait fait deux visites déjà, mais madame de la Ferté n'avait point paru.

Ce jour-là même, Horace, qui passait par là, monta chez mademoiselle Vingtans par curiosité et par désœuvrement, comme on ouvre un mauvais livre un soir de pluie, quand le livre se trouve sous la main.

Mademoiselle Vingtans accueillit M. de la Ferté par des transports de joie. C'était bien naturel, elle allait faire une méchanceté.

— Ah! mon cher Horace, vous êtes rayonnant! On voit bien que vous êtes heureux! Eh bien, franchement, vous me deviez une lettre de faire part.

— Pourquoi? dit Horace avec quelque froideur.

— Pourquoi? Il le demande! Je suis bien pour quelque chose dans votre bonheur!

— Voyons, ma belle amie, faites-moi le plaisir de ne pas toucher à ça.

— Tu poses, maintenant! T'imagines-tu que je veuille te faire du chagrin? Je suis une bonne fille, c'est connu. Il ne faut pas me faire un crime de me réjouir d'une aventure...

Horace ne voulait pas que cette continuât, mais ce mot aventure éveilla sa curiosité.

— De quoi voulez-vous parler?

— Ah! nous ne sommes donc plus que des amis au second degré? nous ne nous tutoyons plus? Eh bien! monsieur, je n'en suis pas moins votre toute dévouée. J'ai appris, hélas! à ne jamais m'offenser. C'est là ma fierté.

— Je ne veux pas vous offenser, dit Horace. Pourquoi parler de ma femme, que vous ne connaissez pas?

— Que je ne connais pas?

Horace sentit que le sang lui montait au cœur.

— Est-ce parce que vous l'avez vue aux Bouffes que vous la connaissez?

— Voyons, parlez-vous sérieusement ? Écoutez bien, mon petit Horace, je vous aime trop pour vous faire du chagrin. Je suis discrète comme une autre. Si vous avez refait une virginité à votre femme pour l'épouser...

M. de la Ferté devint terrible ; il foudroya du regard mademoiselle Vingtans, il lui prit la main avec fureur et la jeta à trois pas de là sur le tapis.

Elle se releva et courut à la sonnette. Mais elle aima mieux éclater de rire, quoiqu'elle n'eût pas envie de rire.

Horace perdait la tête.

Il ne reconnaissait pas encore Geneviève d'Or dans Geneviève d'Ormoy ; mais il sentait vaguement qu'il ne voyait pas toute la vérité dans le cœur de sa femme. Cet enfant, dont il était jaloux sans se l'avouer, lui revint à l'esprit comme un accusateur de sa mère.

Il se rapprocha de mademoiselle Vingtans.

— Voyons, s'il y a une calomnie qui court, dites-le moi, car je ne permettrai pas qu'un seul mot soit prononcé contre ma femme.

— Mon cher ami, vous êtes fou ! Qui est-ce qui dit du mal de votre femme ? J'ai bien vu au théâtre, l'autre soir, qu'elle vous adorait; on n'est pas si pâle sans être amoureuse. Est-ce que vous regrettez de l'avoir épousée? C'était pourtant bien naturel.

— Qu'est-ce que vous savez de tout cela? dit Horace, toujours indigné.

— En vérité, descendez-vous du septième ciel? Ce que je sais de tout cela? Vous oubliez donc que c'est chez moi que vous avez connu votre femme?

— Chez vous? C'est de la démence!

Horace se passa la main sur le front, comme un homme qui entrerait dans une maison de fous.

Mademoiselle Vingtans le regardait avec une surprise de plus en plus grande.

— Il faut donc mettre les points sur les i? Quoi! quand vous m'avez quittée, vous étiez éperdument amoureux de Geneviève d'Or : je vous retrouve marié à Geneviève d'Or et vous avez l'air de revenir de Pontoise!

— Vous êtes folle! Vous vous êtes laissé prendre à une vague ressemblance. Il y a un monde entre ces deux femmes. J'espère que vous ne vous aviserez plus de les confondre. On ne joue pas ainsi avec les choses les plus sacrées.

— Comme il vous plaira, mon cher ami ! C'est votre affaire et non la mienne.

Horace était déjà parti.

Mademoiselle Vingtans n'en revenait pas ; il était impossible pour elle qu'Horace fût la dupe de lui-même.

— Voilà, dit-elle, qui est d'un beau jésuitisme ; il épouse sa maîtresse, mais dès qu'elle est sa femme il sépare l'une de l'autre et il fait deux femmes, celle du passé et celle du présent ! Ah ! il ne veut pas se souvenir qu'elle a été sa maîtresse. Il est vrai qu'elle l'a été si peu ! Mais ce n'est pas de lui qu'il est jaloux; c'est des autres.

Horace se contint, son cœur éclatait, mais il mit la main sur son cœur ; d'ailleurs, dès qu'il revit Geneviève, il se dit qu'il était impossible que cette figure, vrai miroir de l'âme, trompât son regard pénétrant. « M'aimes-tu bien ? dit-il à sa femme. — Si je t'aime ! — Mourrais-tu, sur un mot malsonnant qui me frapperait en tombant sur toi ? — Oui ! Pourquoi me parles-tu ainsi ? — C'est que je t'aime à en mourir. »

Ils s'embrassèrent. Geneviève fut si naturellement abandonnée à son amour qu'Horace se dit qu'il n'y avait pas un seul nuage sur sa vertu.

Mais voilà que, le même jour, il rencontra M. de la Rochelle, qu'il voyait de loin en loin.

M. de la Rochelle, on s'en souvient, était un des amoureux éconduits de Geneviève.

Il sortait de chez mademoiselle Vingtans, qui n'avait pas manqué de lui parler de sa rencontre au théâtre avec Geneviève d'Or, devenue la comtesse de la Ferté. Naturellement le comte de la Rochelle, qui n'était qu'un demi-galant homme, était enchanté de savoir cette nouvelle. Il gardait une dent à Geneviève et il aimait médiocrement Horace, qui le dominait par l'esprit et par l'épée. Aussi lui dit-il en l'abordant :

— Toujours dans la lune de miel ?

— Oh ! mon Dieu, murmura Horace, je ne suis pas si lunatique que ça. Est-ce que tu es dans la lune rousse, toi ?

— Oh ! moi, pas si bête !

— Pas si bête ? répéta Horace avec un certain air.

— Non, je ne me marie pas, moi ! Comme on dit, le bonheur des autres me suffit.

— Qu'est-ce que tu veux dire par ce logogriphe ?

— Rien, sinon qu'il y a des gens qui prennent leur bonheur là ou d'autres ne trouveraient que des nids de couleuvres.

— Pourquoi prends-tu avec moi cette langue de vipère ?

— C'est la langue de la vérité ; je dis ce que je pense, voilà tout.

— Les imbéciles aussi disent tout ce qu'ils pensent.

Il y eut un silence qui annonçait le coup de pistolet à vingt pas.

M. de la Rochelle ne voulut pas de ce mot :

— Il y a peut-être des imbéciles qui ne disent pas tout ce qu'ils pensent.

Un froid sourire passa, comme un trait d'acier, sur les lèvres de M. de la Ferté.

— Eh ! bien, nous verrons demain, monsieur, si vous pensez tout ce que vous dites.

Horace avait frappé de son gant M. de la Rochelle.

Le soir, quand Horace dîna avec sa femme, elle lui dit :

— Mon cher Horace, puisque nous partons ces jours-ci, je voudrais bien aller à Saint-Germain.

— C'est mon chemin, dit Horace.

Ce mot lui échappa.

— Ton chemin !

— Oui, je ne voulais pas te le dire ; je suis demain témoin dans une affaire au Vésinet contre M. de la Rochelle.

Geneviève se versa un verre d'eau pour cacher son émotion.

— Si tu veux, ajouta Horace, nous prendrons à sept heures le train de Saint-Germain ; tu iras tout droit, moi je m'arrêterai en route.

— Une vraie partie de plaisir ! murmura-t-elle en essayant de sourire.

V

UN HOMME QUI SUIT SA FEMME

Horace lui dit qu'il ne passerait pas la soirée avec elle, parce qu'il devait retrouver les autres témoins.

Maintenant qu'il était sur le chemin des découvertes, il devait en faire à chaque pas.

Comme il passait à neuf heures et démie dans la rue de l'Arcade où il ne passait presque jamais, une femme qui marchait devant lui l'inquiéta quelque peu.

Où allait cette femme, tête baissée, tout en noir, sous deux voiles de dentelles plus ou moins malinées.

Il crut reconnaître Geneviève et marcha plus vite; mais il jugea bientôt que c'était une bêtise de la surprendre sans surprendre ce secret nocturne. Il se tint donc à quelque distance.

D'ailleurs il y a là toute une étude de savoir-vivre entre mari et femme; ni l'un ni l'autre n'ont le droit de violer une lettre. Le mariage donne-t-il le privilège à un mari de dire à sa femme, s'il la rencontre: « Où allez-vous ? » Je ne parle pas de la loi, qui est toujours à l'usage du plus fort. Qui sait si la femme ne va pas faire une bonne action cachée ou si elle ne porte pas elle-même un secret qui n'est pas à elle? Qui sait si elle n'est pas sortie pour empêcher un malheur?

Cette dernière pensée vint à Horace. « Mais voilà ce que je ne veux pas, » dit-il en se hâtant. Mais aussitôt il ralentit son pas. « Tout compte fait, reprit-il, il est bon de savoir où elle va. »

Tout à coup elle disparut sous une porte cochère. Comme si elle était toute à une idée fixe, elle ne s'était même pas retournée en entendant marcher derrière elle, car entre elle et son mari il y avait un homme et une femme. « En vérité, voilà qui est trop fort! » se dit Horace en reconnaissant que c'était le numéro 17, c'est-à-dire la maison où M. de la Rochelle avait un appartement. Il voulut se précipiter à la suite de sa femme. Mais comme tout est compliqué dans la vie, il se rappela que la couturière de Geneviève demeurait là. Ce fut d'ailleurs une blessure de plus pour sa jalousie. « Qui sait, dit-il, si la Rochelle n'a pas connu Geneviève d'Or en cette maison ? » Mais il réfléchit bientôt qu'il était impossible que sa femme, si en vérité elle avait eu deux existences, n'eût pas changé de couturière.

Comment faire ? S'il allait trop vite, sa femme se retournait et inventait un conte ; s'il allait trop lentement, il ne pourrait plus savoir si sa femme était entrée. Il n'alla ni vite, ni lentement, comme on va dans le doute.

La couturière demeurait au premier au-dessus de l'entresol. Comme Horace n'était jamais allé chez M. de la Rochelle, il ne savait pas à quel étage il demeurait. Naturellement, à la veille d'un duel, il ne voulut pas parler au portier. En passant devant la porte de l'entresol, il en vit sortir une femme âgée ; donc, ce n'était pas là. Geneviève avait-elle eu déjà le temps d'arriver au second, car il jugeait qu'elle avait dû monter deux étages de plus que lui. Mais peut-être s'était-elle arrêtée au premier ? A tout hasard, il sonna.

Une jeune fille vint ouvrir. Il crut la reconnaître pour avoir apporté, la veille, une robe à l'hôtel.

— Est-ce que madame de la Ferté est là ? Elle m'a dit de la venir chercher.

— Non, monsieur, madame de la Ferté n'est pas venue ce soir.

— Savez-vous qui demeure au-dessus ? Je crois que madame de la Ferté a une de ses amies dans la maison.

— Ah ! oui, madame la comtesse de Cormeil demeure dans la maison ; elles se sont rencontrées ici, mais elle demeure au troisième, tandis qu'au second c'est M. de la Rochelle.

Cette fois, Horace était bien renseigné. Mais après tout sa femme était peut-être montée chez madame de Cormeil. Son pressentiment lui dit qu'elle n'était pas allée si haut. Il salua et monta.

Mais comment frapper à la porte d'un homme qu'on doit tuer plus ou moins le lendemain ? Mais, cependant, si sa femme est chez cet homme ?

Quoique Horace marchât toujours droit son chemin, emporté par le premier mouvement, il ne sonna pourtant point chez M. de la Rochelle. Il monta chez madame de Cormeil, ne voulant pas encore donner tort à Geneviève.

Il connaissait quelque peu cette dame ;

c'était une femme de bonne maison et de bonne tenue. Il ne l'avait pas encore vue chez elle, mais il était trop bien reçu partout pour s'arrêter en chemin.

Il sonna.

— Est-ce que madame de Cormeil reçoit?

— Je suppose. Monsieur veut-il me dire son nom ?

Horace passa sa carte.

On le fit bientôt entrer dans le salon en lui disant que madame de Cormeil viendrait tout de suite. Mais cinq minutes après, elle n'était pas encore venue; il n'avait pas le droit de s'impatienter; il écouta aux portes, non pas pour surprendre les secrets de la maison, mais pour savoir si Geneviève était là.

Si elle n'était pas là ? Il avait pris son parti ; il ne la reverrait jamais et il se battrait avec M. de la Rochelle jusqu'à ce que mort s'ensuive. Après cinq minutes d'attente, il lui fallut encore attendre cinq minutes; puis cinq minutes; il marchait sur des charbons ardents.

Le valet de chambre entra dans le salon.

— Madame va venir tout de suite, dit-il une seconde fois.

Horace pensa que c'était un mot de la maison.

— Madame de Cormeil n'est donc pas seule?

demanda-t-il, tout étonné lui-même de son indiscrétion.

— Non, madame a déjà du monde dans sa chambre à coucher.

— Ah! oui, il me semble que j'ai entendu traverser l'antichambre depuis que je suis ici.

Comme Horace disait ces mots, il entendit encore traverser l'antichambre, mais en sens inverse. Le valet de chambre s'était empressé d'aller à la porte d'entrée, mais il referma si lestement la porte du salon qu'Horace ne vit pas qui était venu et qui s'en allait.

Presque aussitôt madame de Cormeil parut.

— Vous êtes donc jaloux? lui dit-elle avec un charmant sourire.

— Moi! pourquoi serais-je jaloux? répondit Horace d'un air dégagé.

— Comment! vous n'êtes pas jaloux? Vous suivez votre femme quand elle va le soir chez ses amies.

— Je ne comprends pas.

— Allons donc! vous voudriez bien me faire croire que vous venez ici pour mes beaux yeux.

— Pourquoi pas?

— Eh bien! mes beaux yeux ne brillent pas pour vous, parce que vous avez la plus adorable des femmes.

— Je le sais bien.

— Expliquez-moi pourquoi vous voulez couper la gorge aux gens pour des bêtises. Si tout le monde était comme vous, mon mari vous couperait la gorge. Heureusement que votre femme le désarmerait.

Horace eut l'air de comprendre et de ne pas comprendre.

— Voyons, est-ce que Geneviève est venue pour vous jeter entre M. de la Rochelle et moi ?

— Pourquoi ne serait-elle pas venue? Franchement je ne vous veux de mal ni à l'un ni à l'autre, mais, sans votre femme, je n'eusse pas tenté, comme je viens de le faire, d'arranger le duel.

Horace eut un mouvement d'impatience.

— Oh! rassurez-vous, je ne l'ai pas arrangé! M. de la Rochelle, qui vient de monter, a été fort galant homme, puisqu'il m'a dit que vous étiez trop fort à l'épée pour que le duel n'ait pas lieu : car on l'accuserait de n'avoir pas été assez intransigeant sur le point d'honneur.

— C'est bien, dit Horace, je lui en sais gré; un peu plus je me désarmerais moi-même.

— A la bonne heure!

Sur ce mot, Geneviève, qui avait tout

entendu, vint se jeter dans les bras de son mari.

— Vous êtes charmante, ma chère Geneviève, mais vous êtes folle. Qui a pu vous dire que je me battais avec M. de la Rochelle?

— C'est vous, car vous avez laissé sa carte sur votre table en vous en allant. Je n'ai pas douté que ce duel où vous me disiez n'être qu'un témoin ne fût un vrai duel pour vous.

— C'est égal, c'est une singulière idée, de vouloir attendrir mon adversaire.

— Quand j'ai vu qu'il demeurait dans la même maison que madame de Cormeil, je suis venue tout effrayée lui conter ma peine. C'est de la folie, c'est vrai, mais c'est aussi de l'amour.

Horace se tordait la moustache et se plissait le front.

— Elle a bien raison! s'écria madame de Cormeil pour le calmer, je serais capable d'en faire autant; dites-moi que ce duel n'aura pas lieu. Voulez-vous que je rappelle ici M. de la Rochelle?

— Non, il y a des témoins qui seraient désolés de ne pas faire demain cette partie de campagne. Mais je vous réponds que je ne tuerai pas M. de la Rochelle.

Et se tournant vers Geneviève :

— Et je te réponds qu'il ne me tuera pas.

On se battit — à armes courtoises; — mais à force de ménager son adversaire, Horace fut atteint à l'avant-bras, ce qui ne l'empêcha pas, par un dernier coup, de désarmer M. de la Rochelle. C'était assez pour tous les deux.

On comprend que Geneviève avait eu l'art, sans faire une seule prière, de convaincre M. de la Rochelle qu'un homme de cœur ne se souvient jamais des déchéances d'une femme qui s'est relevée.

Il est bien entendu d'ailleurs que les témoins n'avaient pas prononcé le nom de Geneviève, car, Horace ne voulait pas qu'on pût dire qu'il se battait pour un mot contre sa femme.

A peine ce duel fut-il oublié qu'une autre rencontre faillit avoir lieu, Horace ayant cru reconnaître une raillerie dans un sourire de M. d'Angerville, un matin qu'il causait mariage.

— On ne connaît pas les femmes, dit M. d'Angerville, on ne sait jamais qui on met dans sa maison, à moins d'y mettre sa maîtresse. Ceux-là seuls ne sont pas attrapés.

Et là-dessus M. d'Angerville, qui voyait bien

qu'Horace était furieusement agacé, inventa une histoire pour reperdre du terrain. Quelle que fût l'ironie de M. d'Angerville, elle était trop masquée pour qu'on pût s'en fâcher. Mais Horace le quitta avec la colère dans le cœur. Il se demandait si décidément il était jaloux sans le vouloir et sans le savoir, comme un maniaque frappé d'une idée fixe. Vainement il avait voulu rejeter bien loin les révélations de mademoiselle Vingtans ; elles étaient toujours devant lui comme un acte d'accusation contre Geneviève.

Il rentra, cette fois décidé à lui ouvrir son cœur et à lui demander si elle était Geneviève d'Or et Geneviève d'Ormoy.

Il retourna au Grand-Hôtel.

Il n'y trouva pas Geneviève. En quelques minutes, il fut à la Madeleine, quoique l'heure de la messe fût passée. Il vit bientôt qu'elle n'y était pas. Il courut à la Trinité : il n'y avait pas dix personnes dans l'église. Il revint au Grand-Hôtel. Tout en marchant, la lumière se faisait en lui. Il comprenait enfin comment ces deux femmes qu'il avait aimées pouvaient n'être qu'une seule femme. Il s'expliquait pourquoi mademoiselle d'Ormoy avait dû s'efforcer de lui cacher sa vie à Paris, surtout quand il avait été question de mariage entre eux.

Comment ne l'avait-il pas reconnue ?

C'est qu'il l'avait vue jeune fille, sur le chemin vert d'Ormoy, comme il l'avait revue deux ans après au même endroit, plus pâle, mais toujours pareille à elle-même, avec sa chaste et divine figure.

Le moyen de penser que dans l'intervalle cette jeune fille bien née avait pu se perdre dans le monde des courtisanes ! Est-ce qu'elle aurait repris ainsi cette adorable physionomie ?

Cette femme tant aimée était donc une abominable créature qui l'avait odieusement trompé pour lui escroquer son nom et sa fortune ? Et cet enfant ! il n'était plus douteux pour lui qu'il ne fût l'enfant de Geneviève.

— Je la tuerai ! répéta-t-il plusieurs fois, tout épouvanté d'avoir déshonoré son nom.

Plus il avait aimé Geneviève, plus la haine lui montait au cœur.

En descendant les marches de la Trinité, il résolut d'aller attendre Geneviève dans sa chambre.

A son retour, comme il passait devant l'hôtel de l'Athénée, jetant les yeux partout, il vit sous la porte cochère, par les glaces de la porte du vestibule, Geneviève qui prenait un enfant dans les bras d'une paysanne.

— Son enfant! dit-il. Elle l'a fait apporter à Paris.

Il fut sur le point d'entrer et de jeter à ses pieds la femme et l'enfant.

Il se contint et rentra au Grand-Hôtel.

A peine était-il dans la chambre de sa femme qu'il voulut redescendre, ne pouvant maîtriser sa colère.

Geneviève survint; elle n'avait jamais été plus belle, plus sereine, plus radieuse et plus calme, tant elle était heureuse d'avoir embrassé son enfant. Aussi s'avança-t-elle vers son mari pour lui donner son front à baiser.

— Quel beau temps ! n'est-ce pas ?

Horace ne baisa pas le front de Geneviève ; il recula d'un pas pour ne pas la foudroyer au premier abord.

— Geneviève ! lui dit-il...

Il ne pouvait parler, tant il était ému. Geneviève le regarda avec inquiétude, ne comprenant pas pourquoi il ne l'appelait pas Martha.

— Geneviève, reprit Horace, vous allez me jurer de dire la vérité. Il y va de votre vie et de la mienne. Que dis-je ? il y va de mon honneur et de la vie de ma mère !

Geneviève avait compris que l'heure solennelle avait sonné.

— Geneviève, dit encore Horace, n'êtes-vous donc pas cette Geneviève d'Or que j'ai trouvée un soir chez mademoiselle Vingtans ?

— Je ne vous comprends pas, Horace.

— C'est moi qui ne vous comprends pas.

Geneviève regardait dans les yeux d'Horace pour voir s'il la reconnaissait.

— Pourquoi voulez-vous me voir dans cette malheureuse créature ? Est-ce parce que vous l'avez aimée ? Que vous ai-je fait, Horace, pour que vous me regardiez ainsi ?

Horace était effrayant dans sa colère.

— Et cet enfant ? dit-il en frappant du pied. Cet enfant, c'est le vôtre, sans doute ?

— Mon ami, ayez pitié de moi ! Pourquoi serait-ce mon enfant ?

— Vous osez encore vous en défendre ?

Geneviève voyait bien que si elle avouait son passé, c'en était fait à tout jamais. Et alors, comment pouvait-elle avouer son enfant ?

— Quoi ! vous osez encore mentir ?

— Mentir ! répéta Geneviève avec dignité.

— Oui, mentir !

Et Horace jeta Geneviève à ses pieds.

— Vous ne savez donc pas que je sais tout ?

Le jeune femme étudiait les variations de la physionomie de son mari.

— Madame, reprit-il, pourquoi cet enfant serait-il à Paris, s'il n'était pas votre fils ?

Geneviève n'osait répondre.

— Il l'a vu ! pensa-t-elle.

Elle reprit son courage pour dire tout haut :

— Puis-je empêcher la mère de cet enfant de l'amener avec elle à Paris ?

— Et vous allez le voir mystérieusement comme on va voir un amant !

— Horace, vous me faites un crime d'avoir aimé une pauvre petite créature quand je n'avais personne à aimer !

— On n'aime pas ainsi l'enfant des autres. Ainsi, vous ne voulez pas me dire la vérité ?

Geneviève ne voulait toujours pas révéler le passé, par dignité pour elle et par dignité pour Horace. Elle aimait mieux que son fils ne fût pas reconnu que de dire, contre l'honneur d'Horace : « Votre femme a été une courtisane. »

Horace se promenait à grands pas.

— Eh ! bien, madame, vous aller retourner aujourd'hui même au château de la Ferté.

Quand la lumière sera faite sur vos actions, j'y retournerai, moi aussi, pour vous condamner ou pour vous absoudre.

— Horace, je vais partir. Mais, quand vous viendrez là-bas, vous ne me trouverez peut-être plus... Vous m'avez frappée mortellement par vos injures.

La femme de race se montra dans toute sa fierté... Geneviève releva la tête avec une dignité tragique, mais point du tout théâtrale.

Horace eut peur d'être allé trop loin. Mais sa colère était encore trop forte pour qu'il se dominât ; il laissa même tomber cette parole cruelle :

— Eh ! bien, si vous mourez, que Dieu vous pardonne... Moi je n'en ai pas le courage...

Geneviève ne dit plus un mot. Elle envisagea la mort avec la sombre volupté des natures poétiques.

Elle entr'ouvrit la porte et ordonna à sa femme de chambre de tout préparer pour partir par le train du soir.

Horace passa dans le salon, ne voulant pas faire un pas vers sa femme, convaincu que dans son ineffable douceur elle viendrait lui dire adieu.

D'ailleurs, il avait le temps encore, avant l'heure du départ, d'aller plus loin dans la vérité.

VI

L'ADIEU

Il retourna chez mademoiselle Vingtans.

— J'étais bien sûre que je vous reverrais, lui dit-elle en renvoyant son coiffeur.

— Oui, je suis revenu sans savoir où j'allais. Écoutez-moi et soyez sérieuse un instant. Dites-moi pourquoi vous m'avez conté cette histoire impossible : est-ce une vengeance, est-ce une méchanceté, ou n'est-ce qu'une abominable plaisanterie ?

— Est-ce que j'ai le temps de me venger ? est-ce que je suis méchante ? est-ce que j'aurais plaisanté aussi cruellement ? Car je comprends maintenant que si vous avez épousé Geneviève d'Or, c'est que vous ne l'avez pas reconnue.

— D'abord, vous savez bien que je ne l'avais presque pas vue ; c'était d'ailleurs un vrai carnaval que cette soirée !

— Comment ne vous a-t-elle pas dit : c'est moi ?

— Mais qui vous prouve que c'était elle ?

— Que voulez-vous ? Dès que j'ai vu votre femme dans cette avant-scène, j'ai cru voir Geneviève d'Or. Mais tout le monde peut se tromper. Il y a des ressemblances bien plus frappantes ; du reste, on m'a toujours dit que Geneviève d'Or était en Russie.

Mademoiselle Vingtans sembla réfléchir.

— J'y pense ! Elle a une sœur qui est à Paris. Voyez sa sœur ; vous êtes trop expérimenté pour ne pas reconnaître la vérité dans ce qu'elle vous dira.

— Comment s'appelle sa sœur ?

— Martha, je crois. Mais elle est ici sous le nom de la marquise Sforza, car il y a huit jours qu'elle est revenue d'Italie pour la seconde fois. Je l'ai rencontrée au Bois. Ce n'est pas la même figure, mais il y a pourtant un air de famille.

— Si sa sœur est à Paris depuis huit jours, il est étrange qu'elle ne l'ait pas vue !

— Est-ce que vous avez jamais vu deux sœurs s'entendre ensemble ?

Horace pensa qu'en effet il ne serait vraiment renseigné que par la sœur de Geneviève ; mais comment l'interroger ?

— Vous êtes sûre qu'elle s'appelle Martha ?

— Oui, on a exposé son portrait cette année ; elle s'appuie sur un fauteuil où j'ai vu le nom de Martha.

— Elles s'appellent donc toutes les deux Martha ?

Mademoiselle Vingtans était silencieuse.

— Ma foi ! dit-elle tout à coup, je me suis peut-être trop avancée ; il ne serait pas impossible que ce fût cette Martha, aujourd'hui métamorphosée en marquise, qui eût joué à Paris, il y a deux ou trois ans, le rôle de Geneviève d'Or. Je crois plutôt que c'est votre femme, mais enfin...

Horace se retrouva dans le royaume des incertitudes.

— Dans votre opinion, c'est l'une ou l'autre. Mais cette fille qui est en Russie ?..

— On a dit ça, mais on ne part pas pour la Russie sans en revenir bien vite ; on ne perd pas la trace d'une fille comme Geneviève d'Or quand elle continue sa vie d'aventures.

Horace salua mademoiselle Vingtans en la suppliant presque de ne pas dire un mot de ses deux visites.

Il sortit en pensant à se faire présenter le jour même à la marquise Sforza.

Comment se faire présenter ? Était-ce une grande dame, une femme du monde dans le monde étranger, ou une courtisane du monde dans le monde parisien ?

Il avait oublié de questionner mademoiselle Vingtans. Mais il fut bientôt renseigné par un de ses amis qu'il rencontra sur le boulevard des Capucines. C'était le célèbre Max d'Auvray, qui fait courir les chevaux et qui a la prétention de faire courir les femmes.

— Mon cher Horace, dit Max d'Auvray d'un air dégagé, je ne sais pas si c'est une femme du monde, mais c'est une femme de notre monde ; elle a laissé son mari en Italie ; sa vie est un mystère ; elle donne çà et là à dîner aux gens à la mode. Mais, je crois que je dis des bêtises : n'est-ce pas ta belle-sœur ?

— Oui, c'est ma belle-sœur. Seulement, ma femme ne la voit pas. Non pas qu'elle la trouve mal mariée ; mais elle trouve qu'elle vit un peu trop loin de son mari. Toutefois, elle ne m'a pas parlé d'elle.

— Eh bien, alors, puisque tu en sais plus que moi, pourquoi me questionnes-tu ?

— C'est que si ma femme ne la voit pas... je voudrais bien la voir, moi...

— Tu veux donc lui faire la cour ? As-tu une

dispense du pape?.. Veux-tu que je te présente ?

— Oui, certes, aujourd'hui même, si ce n'est pas impossible, car je partirai peut-être demain.

— Tu n'y vas pas par quatre chemins. La marquise demeure boulevard Malesherbes. Veux-tu venir jusque-là ? Si elle n'est pas allée au Bois, nous la trouverons sans doute.

Horace avait la fièvre. Il voulait tout brusquer. Il entraîna son ami boulevard Malesherbes.

Ils rencontrèrent à propos la marquise dans son landau. Elle fit à M. d'Auvray un signe de son éventail. Comme il alla droit à elle, elle ordonna au cocher d'arrêter. Horace suivait de près son ami.

— Ma chère marquise, dit Max, permettez-moi de vous présenter votre beau-frère.

M. d'Auvray riait, mais Horace ne riait pas.

— Oui, madame, dit-il, j'ai épousé Martha d'Ormoy.

— Mais c'est mon mari, que vous me présentez ! dit la marquise en riant. Non, monsieur, ajouta-t-elle en se tournant vers Horace, vous n'avez pas épousé Martha d'Ormoy, mais Geneviève d'Ormoy. Je vous en fais mon compliment, car ma sœur vaut bien mieux que moi.

Horace accepta le compliment. Sa haine n'avait pas tué son amour; il était heureux que la marquise parlât bien de sa sœur.

Il regardait la jeune femme jusqu'au fond de l'âme.

Si c'était Geneviève d'Or?

La visite ne pouvait pas durer longtemps en plein boulevard Malhesherbes.

— J'espère, dit la jeune femme à son beau-frère, que vous finirez par m'envoyer une lettre de faire part?

— Je vous croyais en Italie. Geneviève a dû vous écrire?

— Non, elle ne m'a pas écrit, parce que nous sommes brouillées.

— Comment! s'écria Max, deux sœurs si belles n'ont pas pu vivre sous le même toit?

— Non, mais c'est ma faute, c'est ma faute, c'est ma très grande faute. Geneviève est un ange et il paraît que je ne suis qu'un démon. Adieu, monsieur mon beau-frère, dites à Geneviève que je l'aime toujours. Je demeure là-bas, au n° 50, tout près de l'église; si elle ne veut pas venir chez moi, qu'elle vienne à

Saint-Augustin, nous nous embrasserons devant Dieu et devant les hommes.

Martha accompagna ces derniers mots d'un beau sourire. Elle salua de son éventail. Les chevaux repartirent bruyamment.

Horace ne savait plus que penser.

— Eh! bien, vas-tu rester planté là comme un arbre du boulevard? lui demanda Max.

— Mais je voudrais bien continuer la conversation. Ne pourrais-tu pas retourner chez elle ce soir?

— Je vais à Versailles, mais tu iras bien tout seul. Adieu!

— Encore un mot! Est-ce que cette belle créature était à Paris lors de ton premier duel?

— Je n'en sais rien, je ne l'ai connue qu'à son retour d'Italie.

— Tu n'as jamais soupé chez mademoiselle Vingtans?

— Non, je ne pratique que les femmes de théâtre.

On se salua et on se sépara. Horace pensait que tout cela était bien étrange. Il avait été frappé de la ressemblance des deux sœurs. Pourquoi accuser l'une plutôt que l'autre? Il se demanda s'il eût autant aimé celle-ci que celle-là.

Il lui paraissait plus naturel que la marquise Sforza — qui semblait faite pour les grandes aventures, qui était partie sans fortune en Italie et qui était revenue marquise en France, qui avait l'air de rire de tout, même de Dieu, puisqu'elle avait parlé de l'église en riant — eût joué le rôle de Geneviève d'Or plutôt que sa sœur qu'il avait vue d'abord jeune fille virginale à Ormoy et qu'il avait retrouvée telle deux ans après. Mais pourquoi lui avait-elle dit qu'elle s'appelait Martha?

Mais l'enfant?.. Autre mystère! Il résolut d'aller frapper le soir à la porte de la marquise. Oserait-il l'interroger? Et puis, n'était-ce pas offenser à tout jamais sa femme?

Il regarda à sa montre et marcha rapidement vers le Grand-Hôtel, non pas qu'il voulût pardonner à Geneviève, mais enfin il espérait adoucir le coup porté. L'amour plaidait la cause de sa femme dans son cœur. « Pauvre Geneviève! dit-il, si je m'étais trompé?.. »

Quand il arriva au Grand-Hôtel, Geneviève venait de partir. Il sauta dans une voiture qui sortait de la cour et donna un louis au cocher.

Au chemin de fer, il se précipita sans prendre le billet dans les salles d'attente jusque sur la voie, sans écouter les contrôleurs. Et comme il cherchait du regard dans les compartiments des premières, le coup de sifflet se fit entendre.

Geneviève était partie.

Une tête de femme qui semblait regarder en arrière le frappa par sa pâleur. Était-ce sa femme?

Il agita son mouchoir en signe d'amour — ou en signe d'adieu!

VII

MARTHA

Horace reçut le surlendemain cette lettre de sa tante :

« Que s'est-il donc passé, mon cher Horace? Quand Geneviève m'est revenue, elle était à moitié morte; elle s'est jetée dans mes bras en me disant qu'elle était la plus malheureuse des femmes. C'est à peu près tout ce qu'elle m'a dit. Elle ne t'accuse pas ; elle a commencé par s'accuser elle-même. Mais elle a tout de suite ajouté qu'un jour, quand je saurais tout, je la comprendrais. J'ai eu beau l'interroger, elle m'a suppliée de ne pas insister, sous prétexte que le jour n'était pas venu de me faire sa confession.

« Pourquoi ne reviens-tu pas? Si quelqu'un a des torts, ce n'est pas Geneviève ; son âme est blanche comme elle. Elle est au-dessus de toutes les calomnies. Au nom de ce que tu as aimé, reviens, Geneviève meurt tous les jours.

« Noémie de la Ferté. »

Cette lettre alla droit au cœur d'Horace. « Pauvre Geneviève ! » dit-il en voyant dans son esprit la figure éplorée et pâlie de sa femme.

Il voulut partir. « Et pourtant, dit-il, ce n'est pas un soupçon qui l'a frappée, c'est le souvenir de son passé. Si elle était sans reproche, elle ne pleurerait pas ! Si elle était sans reproche, elle se fût contenté de me répondre par un éclat de rire ou par une figure indignée. »

Il se décida à rester à Paris, bien convaincu que, s'il allait à la Ferté, il pardonnerait. Et il ne voulait pas pardonner.

Dans une de ses conversations avec mademoiselle Vingtans, comme il la questionnait sur toutes les connaissances de Geneviève d'Or, elle lui avait parlé des demoiselles de Vertpré. Une des deux était partie pour les Indes avec un gouverneur anglais qui lui avait promis d'en faire une reine de Golconde. Il retrouva l'autre dans le demi-luxe d'une femme qui a eu des déboires. Il y a plus d'un pli de rose sous les pieds de ces demoiselles. Comme il était entré sous un nom de guerre, il parla à celle-ci de Geneviève et de Martha.

— Ah ! dit-elle, il y en a une qui a fait son chemin, car elle est marquise de la main droite.

L'autre n'est pas restée en arrière, puisqu'elle a épousé le comte de je ne sais plus quoi.

— Vous les connaissiez bien? Est-ce que vous savez leur vie à Paris?

— Je ne les ai vues que peu de temps. Elles sont venues chez ma sœur quand elle avait son hôtel de l'avenue Montaigne. L'une des deux a mis tout de suite la main sur son marquis italien ; l'autre était triste et posait pour la vertu. Nous nous sommes brouillées parce que ma sœur ne permettait jamais à ses amies d'être belles.

— Et vous ne les avez pas revues?

— Jamais! Il me semble pourtant avoir entrevu la marquise au Bois depuis son retour d'Italie, mais nous ne nous sommes pas saluées. D'ailleurs, elle se croit devenue une femme du monde, comme sa sœur.

— Oui, oui, dit Horace en se donnant l'air distrait, je sais que l'une des deux est mariée dans son pays ; mais je voulais savoir si c'était celle dont on avait le plus parlé à Paris.

— Ma foi! je ne vous en dirai rien; tous ces cancans de Paris sont des feux de paille, les femmes sont portées aux nues, calomniées, méconnues, oubliées en vingt-quatre heures. Voyez-vous, nous sommes les bijoux d'occasion qui vont de main en main et qu'on ne contrôle jamais à la Monnaie. Sont-ce des diamants ou des cailloux? Qu'est-ce que cela fait, dans cet immense tourbillon où la ceinture dorée vaut mieux que la bonne renommée ?

Horace salua mademoiselle de Vertpré, convaincu qu'il ne saurait rien de plus.

Il se hasarda chez la marquise Sforza, non pas qu'il voulût l'interroger sur sa sœur, mais il espérait que dans la conversation la vérité jaillirait de quelque parole indiscrète.

La marquise avait à se plaindre de Geneviève, qui avait eu d'abord à se plaindre d'elle, mais elle avait conservé un culte pour ce cœur d'or; aussi ne parla-t-elle de sa sœur qu'avec une religion familiale.

— Voyez-vous, dit-elle à Horace après avoir conté quelques pages de leur enfance, Geneviève n'est pas une femme de notre temps, aussi je ne lui en veux pas trop de son oubli. Elle a gardé trop de préjugés de l'ancien monde. Voilà pourquoi elle ne m'a pas envoyé une lettre de faire part. Elle croit qu'une femme qui a quitté son mari est hors la loi. Sans doute Geneviève avait peur de vos reproches ; mais, après tout, je ne suis pas plus déchirée qu'une autre, au contraire. Je pourrais citer beaucoup de belles dames qui sont reçues partout et qui ne sont pas dignes de dénouer les rosettes de mes souliers. Je n'aurais pas plus mal fait qu'une autre à votre messe de mariage, et Dieu aime les prières, d'où qu'elles viennent. Mais n'en parlons plus ; seulement, mon cher comte...

— Dites : mon cher beau-frère.

La marquise tendit sa main au comte.

— A la bonne heure ! je suis sûre que c'est pour être agréable à Geneviève que vous me dites cette parole. Donc, mon cher beau-frère, je vous supplie de m'ouvrir votre porte si jamais Geneviève devient malade. Est-ce qu'elle ne s'ennuie pas là-bas sans vous ?

— Non, elle a des distractions, elle a son amie la fermière, elle a son filleul...

« Oh ! oh ! ça brûle, » pensa la marquise.

Et, prenant un paquet de cigarettes russes :

— Fumez-vous une cigarette ?

Horace prit une cigarette, croyant que la causerie allait devenir plus intime.

— Vous me demandiez si ma sœur ne m'écrivait pas ? reprit Martha. J'ai d'elle des lettres charmantes, mais où il est toujours question du château d'Ormoy, son regret éternel.

La marquise sentait que le comte de la Ferté

n'était venu à elle que pour l'interrroger. Aussi, comme elle avait beaucoup d'esprit, elle le promena partout, hormis où il voulait aller.

Il lui parla de sa mère, elle lui répondit qu'il ne fallait pas la forcer de jeter la première pierre à sa mère ; elle ajouta que, grâce à Dieu, elles étaient bien plus les filles de leur père que les filles de leur mère.

Il s'en alla bientôt, sans savoir si elle cachait ou si elle disait la vérité.

Les jours suivants il continua à plaider le pour et le contre avec toute la sagacité d'un juge d'instruction et avec l'éloquence d'un défenseur. Était-il possible que Geneviève fût cette courtisane qu'il avait si mal connue ? Pourquoi oui, puisque sa figure gardait toutes les vertus d'une femme sans tache ? Pourquoi non, puisque toutes les apparences l'accusaient, puisqu'elle avait vécu à Paris avec une mère adultère, presque sans ressources, livrée à tous les hasards de la grande Ville, avec une sœur qui avait jeté son chapeau de roses pardessus les moulins ?

Et pourtant, quand le doute l'avait assailli, Horace reprenait une heure de sérénité, il reposait son âme sur cette adorable figure de

Geneviève qui lui semblait ne pas pouvoir lui cacher ses actions.

Cent fois il s'était demandé s'il allait partir pour la rejoindre ; mais malgré lui, quoique son cœur l'entraînât, il voulait continuer l'enquête. Comment faire ? Geneviève partie, il ne pouvait pas évoquer devant elle les souvenirs de ceux qui avaient vu Geneviève d'Or chez mademoiselle Vingtans. Et puis, il s'indignait contre lui-même de se faire ainsi le juge d'instruction de sa femme.

Il était dit qu'il subirait toutes les anxiétés du doute, car il reçut ce mot de mademoiselle Vingtans :

« Réparation d'honneur ! Je me donne un démenti à moi-même. Votre femme n'a rien de commun avec Geneviève d'Or, puisque celle-ci est à Pétersbourg. Je reçois d'elle une dépêche ainsi conçue :

« *Serai à Paris pour le grand prix, trois jours seulement. Retenir appartement à hôtel splendide et quatre chevaux.*

« GENEVIÈVE D'OR. »

« Si je vous ai offensé, mon cher comte, c'est

de la faute de votre femme, qui est aussi belle que mon amie.

« Regrets et amitiés.

« VINGTANS. »

— C'est bien, dit Horace; mais qui me prouve que cette dépêche soit vraie?

VIII

HISTOIRE D'UNE PAUVRE FEMME

Horace avait repris dans la vie parisienne son train de vie d'autrefois. Il accepta à dîner et à souper chez ces demoiselles. Geneviève s'éloigna au second plan. Il lui semblait, dans les emportements de sa nouvelle existence, que son mariage n'était qu'une parenthèse au livre de sa vie. Il était, du reste, encouragé dans ses désœuvrements par plus d'un jeune mari, ne se croyant marié que par la dot de sa femme.

Et puis, dans son esprit, ces folies-là ne devaient durer que quelques jours. Mais, après quelques jours, c'étaient encore quelques jours, si bien qu'on était à la fin de mai avant qu'il fût retourné à la Ferté.

Il se jura, quoi qu'il en dût coûter à sa dignité, de rejoindre Geneviève après le grand prix ; il se donnait donc ainsi quinze jours de vie parisienne. Ce qui d'ailleurs lui permettrait de revoir Geneviève d'Or, si la dépêche était vraie. Il n'y croyait guère.

Il s'indignait toujours d'avoir été dupe de son cœur ; il jurait de ne plus tomber dans cette sublime duperie de l'amour, qui tue dans l'homme tout ce qu'il y a de viril et de fier.

Il avait beau ne plus voir Frédéric Orvins que de loin en loin, il l'aimait toujours comme une image sympathique de sa conscience. Voici ce qu'il lui écrivait :

« On dit que le sage devrait tourner sept fois sa langue dans sa bouche avant de parler. Ce sage-là, avant de se marier, devrait approcher sept fois le poignard de son cœur. Qui pouvait croire que cette figure si candide n'était peut-être qu'un masque ?

« C'en est fait de ma vie intime. D'ailleurs, je crois que l'heure est venue où tout homme de bonne volonté doit ses forces à son pays. Si on fait la guerre, je me montrerai ; mais, en attendant, c'est le combat des idées. Il n'y a pas de jour qui ne porte son enseignement; par exemple, écoute bien cette histoire, dont

Victor Hugo ferait un chef-d'œuvre de passion et de sentiment. »

. . . .

Horace finissait sa lettre en contant l'histoire d'une pauvre femme qui se tuait parce que la misère avait tué sa vertu.

On voit que ses angoisses, devant l'idée de Geneviève coupable, amenaient Horace à se préoccuper de la femme dans la société moderne. Il voulait supprimer la misère pour donner à la vertu ses coudées franches.

Son ami lui répondit :

« Je suis touché au cœur, mon cher Horace, par l'histoire de cette pauvre femme, mais je suis révolté de te voir aveugle avec de bons yeux. Comment! tu voudrais par des sentences réformer le monde et tu ne vois pas que le feu est à ta maison? Tu pleures sur une femme abandonnée et tu abandonnes ta femme! Voilà bien les moralistes en action. Je t'en supplie encore une fois : pardonne s'il faut pardonner, mais si tu t'es trompé, comme je n'en doute pas, demande à être pardonné.

« Madame la comtesse de la Ferté, qui ne sait toujours rien, espère que tu reviendras bientôt la revoir avec ta femme. Prends garde !

les mères ne se trompent pas. Or, ta mère adore ta femme.

« Ton ami,

« FRÉDÉRIC ORVINS. »

Quand Horace lut cette lettre, il s'écria : « Ce que c'est que la province ! »

IX

SACRIFICE PERDU

Horace avait rencontré plus d'une fois Martha. Comme un soir elle lui reprochait de vivre trop loin de sa femme, il lui demanda une dernière entrevue. Cette fois, il lui ouvrit tout son cœur.

Martha vit l'abîme qui séparait sa sœur de son mari. Elle résolut de s'y jeter pour la sauver.

Cette lettre, que Martha écrit à Geneviève, vous peindra mieux la scène que je ne saurais le faire :

« Tu ne m'as rien dit, ma chère Geneviève, mais j'ai tout compris.

« Parce que j'ai eu tort envers toi, ce n'était pas une raison pour me punir par ton silence. Qui se serait douté autrefois que nous deviendrions les *sœurs ennemies?* Mais oublions toutes ces misères, puisqu'il y va de ton bonheur.

« J'ai voulu te sauver du péril où tu es, mais voilà que je me suis aventurée dans un roman inextricable.

« M. de la Ferté, dévoré par le doute, amoureux encore, mais plus jaloux qu'amoureux, mais plus indigné que jaloux, ne veut pas retourner à toi sans savoir la vérité. Il t'accuse d'avoir été cette Geneviève d'Or dont on a tant parlé il y a deux ans. La demoiselle Vingtans, que tu as connue, n'en veut pas démordre. Il a même eu d'autres témoignages plus sérieux : c'est alors que j'ai juré de faire pour toi ce que tu as si noblement fait pour notre mère dans le labyrinthe du château; seulement, toi, tu risquais tout, et moi je ne risque rien.

« M. de la Ferté venait souvent me voir, comme s'il pût faire des fouilles chez moi; mais je n'étais pas inquiète devant ses points d'interrogation. Seulement, quand j'ai vu qu'il ne paraissait plus douter du passé, je me suis offerte en victime parée de fleurs. — « Eh
« bien! monsieur, lui ai-je dit, jurez-vous
« de me croire comme vous avez cru cette
« demoiselle Vingtans? » Il me l'a juré. « Jurez-

« moi de ne pas trahir le secret que je vous
« confie. » Il me l'a juré. « — Jurez-moi que
« vous ne le direz même pas à ma sœur. » Il
me l'a juré. Alors je lui ai dit: « Eh bien!
« cette Geneviève d'Or, c'était moi! » Et
comme je suis bonne comédienne, j'ai baissé
le front en rougissant.

« Mais je n'ai pas été peu surprise de le voir
se jeter à mes pieds en me déclarant, avec une
vive émotion, qu'il avait adoré Geneviève d'Or
et qu'il voulait l'aimer encore. « Et ma sœur?»
lui ai-je dit, voulant le ramener tout de suite
à toi. Il se releva, me prit la main et murmura: « Ah! votre sœur, c'est un autre amour.
« Mais ce n'était pas la passion, comme celle
« que j'ai eue pour vous, car je vous ai
« aimée à en mourir! » — « Songez que ma
« sœur vaut bien mieux que moi. Elle est
« plus belle et elle a plus de cœur. Moi, je
« ne suis qu'une haute capricieuse, jouant
« avec l'amour sans y croire. »

« Il me dit qu'il me reconnaissait, parce
que j'avais bien ce charmant air qui l'avait
séduit. Je lui parlai encore de toi; mais il fut
d'une importunité tout à fait inopportune.
Il m'a fallu inventer une histoire absurde
pour lui expliquer ma fuite de la rue de Pon-

thieu. Heureusement que je n'avais pas oublié le récit que tu m'avais fait de cette rencontre romanesque chez cette fille d'un homme qui te retrouvait fille galante, sans reconnaître en toi la jeune châtelaine qu'il avait saluée à Ormoy. Il écoutait des yeux comme des oreilles; il semblait heureux comme s'il eût retrouvé le chemin de sa jeunesse. Mais il me baisait les mains trop amoureusement. Je lui dis tout à coup, impatientée de ses caresses : « Vous ou-
« bliez, mon cher comte, que depuis ce temps-
« là vous avez épousé ma sœur. » — « Vous me
« rappellerez cela demain, » me répondit-il.
« — « Songez donc, repris-je, que depuis cette
« aventure, que je n'ai dite à personne, je
« suis redevenue une femme impeccable. Si
« je n'ai pas arraché de mon cœur cette page
« de roman, c'est qu'elle m'a été trop douce à
« relire; mais ce qui est passé est passé. »
« — « Après tout, ma chère marquise, le grand
« mal, s'il y avait une seconde page à ce
« roman ! » — « Vous m'épouvantez avec vos
« principes. N'oubliez pas qu'à cette heure,
« ma sœur pleure toutes ses larmes. »

« Il soupira, se leva et se promena avec agitation. Ah! ma chère amie, que les jaloux sont difficiles à convaincre; ton mari se tourna

vers moi et me dit en me fixant: — « Est-ce bien
« vrai tout ce que vous m'avez conté là ? » —
« Eh ! bien, je vous remercie, m'écriai-je, je
« vous croyais plus sérieux ; vous êtes indigne
« d'une confidence, car je viens de m'humilier
« devant vous ; c'est une insulte que vous me
« faites. » — « Que voulez-vous ? dit-il en me
« reprenant la main, j'ai la tête perdue ! Je
« veux bien croire à ce que vous me dites ;
« mais qui convaincra mademoiselle Vingtans
« et les autres ? Ah ! c'est un grand malheur
« pour moi comme pour Geneviève. Puisque
« je prononce ce nom, dites-moi donc pour-
« quoi vous l'aviez pris, ce nom, rue de Pon-
« thieu ? » Je ne savais que répondre, mais
« il fallait répondre. — « Je l'avais pris parce
« qu'on me l'a donné. Comme on nous con-
« fondait, nous deux ma sœur, par l'air de
« famille, on m'appelait quelquefois Gene-
« viève, comme on l'appelait quelquefois
« Martha. Quant à ce qui est du mot d'Or,
« ce n'était pas une abréviation de mon nom
« de famille, c'est parce que j'avais sur la tête
« une vraie toison d'or ; vous ne vous en sou-
« venez pas ? »

« Je te dis tout cela, ma chère Geneviève,
pour que tu sois informée mot à mot. Lis trois

fois cette lettre, mais brûle-la, car si M. de la Ferté la trouvait un jour, il serait dans son droit de nous mal juger. Il a fini, grâce à Dieu, par lever la séance ; mais quelle séance ! Ah ! quel entêtement à ressaisir l'image de cette Geneviève d'Or qui n'est autre que toi-même. Car je suppose que tu n'es pas jalouse de moi, puisque Geneviève d'Or, c'est toi. Aussi, quand il me baisait les mains, ce n'était pas pour ma figure à moi, c'était pour l'image du passé.

« Et maintenant, veux-tu savoir mon opinion ? C'est mon cœur qui parle. Tu aurais cent mille fois mieux fait de tout lui dire, un beau jour d'expansion. Tu te serais jetée sur son cœur, tu aurais pleuré tes paroles, et il t'eût pardonnée. Et à cette heure cet enfant que tu adores serait son enfant, au lieu d'être un perpétuel accusateur contre toi.

« J'ai voulu te sauver en prenant la figure de Geneviève d'Or, mais il y a toujours l'enfant. Un peu plus je m'en avouais la mère, mais je n'ai pas osé, pour des raisons que je te dirai, car j'espère bien te voir bientôt. Je ne doute pas que ton mari ne prenne demain le train express avec son amour retrouvé. Écris-moi d'aller te voir et je partirai à l'instant, mais je ne veux pas arriver avant ton mari. Il est convenu que nous sommes toujours brouillées, c'est à toi à briser la glace. Puisque c'est toi qui es malheureuse, il y a longtemps que tu aurais dû m'appeler; mais l'orgueil féminin est le plus terrible et le plus bête.

« Adieu, je t'embrasse mille fois.

« MARTHA. »

X

LE CHIEN DE LA MAISON

Martha écrivit cette lettre le jour même où mourait sa mère. Ce fut une lettre fatale, car elle ne fut pas ouverte par Geneviève.

Quand le facteur de la poste la porta au château de la Ferté, la femme d'Horace venait d'éprouver une terrible crise à l'arrivée inattendue de son père.

M. d'Ormoy arrivait en toute hâte d'Amérique avec une demi-fortune presque inespérée. Sa femme et ses deux filles lui avaient écrit là-bas des lettres qui lui paraissaient si étranges, qu'il ne savait que penser de leur situation. Il croyait ses deux filles bien mariées; il n'avait envoyé de l'argent qu'à sa femme, quelque peu inquiété par ses lettres trop vagues, mais ne supposant pas qu'elle vécût au grand jour avec un amant.

Ce qu'on aime le plus, quand on court les aventures, c'est de faire des surprises; aussi n'avait-il pas parlé, dans ses lettres, de ses entreprises hardies. Son nom, très apprécié à New-York, l'avait servi là-bas; mais ce qui l'avait servi surtout auprès d'une compagnie transatlantique, c'était sa parenté avec un ministre français. Sa sœur, mariée à Boston, lui avait d'ailleurs été fort utile par ses belles amitiés. Il paya d'audace, ne se vantant pas de sa ruine et faisant croire à une grande position abandonnée en France pour les mirages américains. Non seulement il avait gagné quelques centaines de mille francs dans un chemin de fer indiqué par lui, mais on l'avait associé dans une compagnie de gaz où il venait déjà de recueillir près de trois cent mille francs. Total : plus d'un demi-million. Il s'en revenait très heureux, tout en se promettant de retourner. Son idée fixe, c'était, avant tout, de racheter le château patrimonial. Le père Delorme ferait peut-être des façons, mais il aimait trop l'argent pour ne pas accepter deux cent mille francs, par exemple, de ce qui lui en coûtait à peine cent vingt-cinq mille, y compris les fameuses tapisseries.

Du Havre il alla droit au château d'Ormoy, puis au château de la Ferté. Il était bien loin de se douter que Geneviève fût si malade.

Quand on annonça à Geneviève une visite inattendue, elle s'écria : « Ah! c'est lui! » Hélas! ce n'était pas lui!

Son père lui dit en entrant :

— Je venais ici pour être heureux, et je vois bien que tous les chagins m'y attendent. Je te trouve malade et M. Delorme refuse de me vendre mon château. Qu'est-ce donc que l'argent, s'il ne fait pas le bonheur, quand le malheur m'est venu parce que je n'en avais pas?

Après avoir embrassé sa fille, il lui demanda où était son mari. Ce fut alors que vint cette crise déjà indiquée. La vieille madame de la Ferté vint pour secourir Geneviève. M. d'Ormoy la salua et passa dans la pièce voisine, où il rencontra son ancienne fermière qui venait d'arriver avec Horatio.

— Ah! monsieur le baron, lui dit cette femme, tout le monde a été malheureux depuis votre départ. Si vous saviez ce que votre pauvre Geneviève a versé de larmes, vous ne pourriez jamais vous en consoler!

Sur ces mots, le facteur de la poste apporta la lettre de Martha. La fermière la prit pour la porter à Geneviève, mais elle revint presque aussitôt parce que la malade n'avait pas la force de lire la lettre de sa sœur.

— Voyez-vous, monsieur le baron, dit la fermière, c'est qu'elles sont brouillées.

— Brouillées! dit le baron en prenant la lettre.

Et comme il voulait avoir des nouvelles de sa seconde fille, il ne fit pas de façons pour briser le cachet. Vous jugez avec quelle curiosité, quelle surprise et quelle indignation il lut cette lettre étrange. Martha l'avait écrite dans un bon sentiment; mais c'était envoyer la foudre sur son père. En effet, M. d'Ormoy apprenait du même coup la trahison de sa femme et la honte de ses filles.

Il fit un pas vers la chambre de Geneviève pour la maudire, car il croyait encore aux vieilles traditions. Il ne se doutait pas que Geneviève, qui avait racheté d'avance ses fautes forcées en se sacrifiant à sa mère, avait encore racheté ses péchés par une vie toute de pleurs.

Il ne comprenait d'ailleurs cette lettre qu'à moitié; en effet, tout était énigme pour lui, sinon que sa femme et ses filles étaient coupables. « Malheur, malheur, malheur! » dit-il en frappant du pied.

La fermière, épouvantée, n'osait l'interroger même du regard. A cet instant, l'enfant de Geneviève cria : *maman!*

— C'est l'enfant de Geneviève? dit le baron à la fermière.

Cette femme s'imagina qu'il n'y avait pas de mystère possible pour le père.

— Oui, répondit-elle, mais il ne faut pas le dire.

— Il ne faut pas le dire! Qu'est-ce donc que tout cela?

La fermière ne savait plus où elle en était. « Qu'ai-je fait! » pensa-t-elle tristement.

L'enfant, qui était dans la salle à manger, accourut tout joyeux, avec un chien. Il tendit les bras à la fermière. Pendant que cette femme prenait l'enfant, le chien sauta en jappant devant M. d'Ormoy, qui le reconnut.

— Ah! c'est toi, Low!

C'était le compagnon de Geneviève, le grand épagneul écossais élevé au château d'Ormoy.

M. d'Ormoy le souleva des mains et l'embrassa comme un ami.

— C'est toi seul que je retrouve! dit-il, en étouffant ses sanglots.

Byron disait : « J'aime mieux Ulysse pleurant à la vue de son chien qui le reconnaît, que triomphant de toute la légion des prétendants de Pénélope. » Byron disait cela après Pope; je le dis après Byron, reconnaissant comme lui que le chien vaut mieux que l'homme. Ces larmes d'Ulysse ont été gravées sur les médailles antiques, on les voit encore sur celles de Manilius Limetanus.

On ne gravera pas sur les médailles les larmes de M. d'Ormoy retrouvant son chien; mais c'étaient de vraies larmes.

La fermière était touchée des embrassements du maître à son chien et du chien à son maître.

— Et ce joli enfant, dit-elle toute tremblante, vous ne l'embrassez pas?

Le baron regarda froidement l'enfant.

— C'est le fils de Geneviève? dit-il; je ne la croyais mariée que depuis un an.

— C'est la même chose, puisque c'est toujours votre petit-fils.

M. d'Ormoy brisa son chapeau.

— Ah! mon Dieu! que vous ai-je donc fait?

Il entendait pleurer sa fille, mais il ne se laissa pas toucher. Il ouvrit la porte de l'antichambre et appela son chien.

— Viens, dit-il, viens. Toi seul tu es resté de la famille.

Le chien suivit gaiement son ancien maître.

Ce fut en vain que la fermière se plaça sur le perron avec l'enfant. M. d'Ormoy ne se retourna pas.

La fermière entendit en même temps éclater les sanglots de M. d'Ormoy et les sanglots de Geneviève.

XI

MIEUX VAUT JAMAIS QUE TARD

Un matin, Frédéric Orvins arriva de Montpellier.

— Mon cher ami, dit-il à Horace, je viens tout exprès pour t'emmener à la Ferté ou dans une maison de fous.

— Mon cher ami, tu vois ma blessure, mais tu ne la sens pas ; je suis dans l'enfer : je subis toutes les angoisses et tous les déchirements.

— Eh bien ! je suppose que tu te sois mal marié ; admettons que tu aies épousé ta maîtresse ? Tu n'as donc pas assez de grandeur d'âme pour lui pardonner ? Ta mère et ta tante sont pour ta femme.

— Oui, mais je sens bien que l'opinion est contre elle.

A cet instant, on apporta une lettre à Horace. C'était une lettre de Geneviève, la première qu'elle lui eût écrite depuis leur séparation.

Horace la lut. Elle ne renfermait que ce simple mot :

« *Je meurs. Vous ne viendrez pas! Adieu!*

« Geneviève. »

Toute la dignité d'Horace tomba devant cet adieu. Il n'écouta plus que son cœur, il partit. Frédéric Orvins lui promit de le rejoindre le surlendemain.

Quand Horace arriva au village de la Ferté, il vit le prêtre en surplis, précédé par un enfant de chœur qui portait la croix, suivi de deux autres enfants de chœur portant des cierges allumés au feu de l'église.

C'était l'extrême-onction pour Geneviève.

Les hommes les moins religieux, les athées eux-mêmes, ceux-là qui nient la religion parce qu'ils nient Dieu, ne peuvent nier le trouble de leur âme, de cette âme à laquelle ils ne croient pas, quand ils voient passer ainsi l'adieu de l'Église au mourant. On a beau ne croire qu'au néant, on sent s'agiter en soi je ne sais quel *Miserere* mystérieux qui vous jette soudainement dans l'infini. L'esprit le plus borné a alors des aspirations vers l'éternité. La conscience la plus rebelle fait le *mea culpa* des mauvaises actions.

Horace laissa passer la croix ; on n'eut pas besoin de lui dire que c'était l'extrême-onction pour Geneviève. Il avait même eu peur que ce fût l'enterrement. Il comprit qu'il ne devait arriver à elle qu'après Dieu. Il prit un détour pour entrer au château par le parc, décidé à attendre une demi-heure.

Un personnage qu'il n'aimait pas vint familièrement jusqu'à lui. C'était M. Delorme.

— Ah ! monsieur le comte, dit-il en levant les bras au ciel, c'est dans ces moments-là que les amis se montrent tels qu'ils sont. La pauvre femme ! Je viens m'inscrire au château comme tous les voisins. On sait vivre !

Horace voulait passer outre, mais M. Delorme tint bon.

— Figurez-vous que tant qu'elle a eu des forces, la pauvre dame s'est traînée du côté de mon château. Je lui ai fait dire qu'elle pouvait se promener dans le parc. Vous savez bien, monsieur le comte, que si le château a été vendu, je n'y suis pour rien ; tout ce que je pouvais faire, c'était de l'acheter.

M. Delorme parlait tête baissée, comme un paysan qui regarde en dessous ; aussi, quand il voulut saluer, Horace était déjà bien loin.

En passant par le saut de loup, M. de la Ferté rencontra un des gardes-chasse. Cet homme lui dit qu'il arrivait bien tard, parce que madame la comtesse était à toute extrémité. Rien n'avait pu la consoler de l'absence de M. le comte. Elle avait tant pleuré, que ses yeux n'avaient plus de larmes.

Il s'enfonça sous une des avenues du parc. « Pauvre Geneviève ! dit-il. Je ne lui pardonnerai donc que quand Dieu lui aura pardonné ! »

Horace sentait qu'il avait été trop rude pour elle, même si elle était aussi coupable qu'il se l'imaginait. Il se rappela la douceur du Christ devant la femme adultère et devant Madeleine pécheresse. La femme est faible parce qu'elle vit par le cœur et que le cœur est une mauvaise armure. Horace avait cru venger son honneur à force de dignité ; il comprenait trop tard que la dignité eût été de pardonner. Geneviève n'était pas une de ces créatures vulgaires pour qui le pardon n'est pas une grâce.

Deux larmes avaient mouillé les yeux d'Horace.

Quand il entra dans le vestibule, il se heurta à un notaire; il voulait le laisser de côté, science la plus rebelle fait le *mea culpa* des mauvaises actions.

Horace laissa passer la croix; on n'eut pas besoin de lui dire que c'était l'extrême-onction pour Geneviève. Il avait même eu peur que ce fût l'enterrement. Il comprit qu'il ne devait arriver à elle qu'après Dieu. Il prit un détour pour entrer au château par le parc, décidé à attendre une demi-heure.

Un personnage qu'il n'aimait pas vint familièrement jusqu'à lui. C'était M. Delorme.

— Ah! monsieur le comte, dit-il en levant les bras au ciel, c'est dans ces moments-là que les amis se montrent tels qu'ils sont. La pauvre femme! Je viens m'inscrire au château comme tous les voisins. On sait vivre!

Horace voulait passer outre, mais M. Delorme tint bon.

— Figurez-vous que tant qu'elle a eu des forces, la pauvre dame s'est traînée du côté de mon château. Je lui ai fait dire qu'elle pouvait se promener dans le parc. Vous savez bien, monsieur le comte, que si le château a été vendu, je n'y suis pour rien; tout ce que je pouvais faire, c'était de l'acheter.

M. Delorme parlait tête baissée, comme un paysan qui regarde en dessous; aussi, quand il voulut saluer, Horace était déjà bien loin.

En passant par le saut de loup, M. de la Ferté rencontra un des gardes-chasse. Cet homme lui dit qu'il arrivait bien tard, parce que madame la comtesse était à toute extrémité. Rien n'avait pu la consoler de l'absence de M. le comte. Elle avait tant pleuré, que ses yeux n'avaient plus de larmes.

Il s'enfonça sous une des avenues du parc. « Pauvre Geneviève! dit-il. Je ne lui pardonnerai donc que quand Dieu lui aura pardonné! »

Horace sentait qu'il avait été trop rude pour elle, même si elle était aussi coupable qu'il se l'imaginait. Il se rappela la douceur du Christ devant la femme adultère et devant Madeleine pécheresse. La femme est faible parce qu'elle vit par le cœur et que le cœur est une mauvaise armure. Horace avait cru venger son honneur à force de dignité; il comprenait trop tard que la dignité eût été de pardonner. Geneviève n'était pas une de ces créatures vulgaires pour qui le pardon n'est pas une grâce.

Deux larmes avaient mouillé les yeux d'Horace.

Quand il entra dans le vestibule, il se heurta à un notaire; il voulait le laisser de côté, comme il avait fait pour M. Delorme; mais le notaire s'imposa un instant.

— C'est le devoir de mon ministère qui m'a conduit ici, dit sentencieusement le petit homme tout rond.

— Pourquoi ? demanda froidement Horace.

— Madame la comtesse est mourante, mais elle a conservé toute sa raison : j'ai pensé que dans votre intérêt elle pouvait faire un testament.

Le notaire donna un coup sur ses lunettes pour cacher ses yeux.

— D'autant plus, ajouta-t-il d'un air béat, qu'il n'y a pas d'enfant issu de votre mariage.

Horace fit un pas en avant.

— Si madame la comtesse vous a demandé, faites-lui signer son testament, mais je n'accepterai rien d'elle, sinon un simple souvenir.

— Songez, monsieur le comte, que vous lui avez reconnu une dot de trois cent mille francs.

— Eh ! bien, qu'elle donne ces trois cent mille francs-là à qui elle voudra.

— Oh ! je sais bien à qui elle les donnera, dit le notaire en donnant un second coup sur ses lunettes.

— A qui ? demanda Horace avec impatience.

— A son filleul, ce qui est tout naturel.

Horace passa brusquement devant le notaire et monta l'escalier en maudissant ce croque-mort avant la lettre.

On lui dit alors que sa tante, malade depuis l'avant-veille, n'avait pu sortir de son lit pour accompagner le prêtre au lit de Geneviève. Horace trouva donc Geneviève seule en face de l'extrême-onction. C'était une figure de cire, tant la mort lui avait déjà donné sa pâleur.

Elle était toute à Dieu quand Horace franchit le seuil.

Elle tressaillit et baissa les yeux sur le crucifix d'argent qu'elle avait à la main.

Horace s'inclina. Peu à peu l'émotion le dominant, il tomba agenouillé.

Quoiqu'il fit grand jour, comme les rideaux étaient à moitié fermés, c'était plutôt la lumière des cierges qui éclairait cette scène funèbre.

Sur le lit de Geneviève, Horace remarqua toute une moisson de fleurs des champs. Pourquoi ces fleurs rustiques? Horace comprit.

Geneviève reçut l'hostie avec tout le recueillement d'une âme prête pour le ciel. La présence d'Horace n'avait pu la détacher de la solennité du sacrement.

Mais quand ce fut fini, quoique déjà sanctifiée, elle se tourna vers Horace et retomba sur la terre.

— Vous êtes venu? lui dit-elle, je vous remercie !

Et elle lui tendit sa main d'ivoire.

Horace s'approcha, mais à peine eut-il saisi cette main qu'il la laissa retomber.

Il venait d'apercevoir de l'autre côté du lit, car c'était un lit à deux faces, une paysanne et un petit enfant.

C'était la fermière d'Ormoy, c'était l'enfant de Geneviève.

La jalousie avait soudainement repris le cœur d'Horace.

— Horace, Horace, embrassez cet enfant...

Sur cette prière de Geneviève, Élisabeth approcha l'enfant, comme si Horace dût l'embrasser. Mais il ne se contenait plus; il rejeta violemment la petite créature, qui tomba sur le lit et qui se mit à pleurer.

— Je trouverai donc toujours cet enfant entre nous deux, madame! Pourquoi m'avoir joué cette abominable comédie?

Geneviève voulait ne pas répondre ; mais, l'œil d'Horace s'adoucissant, elle murmura :

— Horace, je voulais vous faire ma confession ; mais je ne parlerai pas.

— N'ai-je pas tout deviné ? dit Horace. Mais enfin, puisque Dieu vous a pardonné, je vous pardonne. Pourtant faites-moi la grâce de ne plus me montrer cet enfant.

— Eh ! bien, mon ami, laissez-moi un instant avec cet enfant. Songez qu'il a été ma consolation quand vous m'avez abandonnée.

— Alors, madame, qu'il soit votre consolation jusqu'à la fin.

Horace, emporté, sortit sans détourner la tête. Geneviève éclata en sanglots. La fermière sanglota elle-même ; l'enfant, qui pleurait déjà, pleura plus bruyamment.

— Oh ! mon enfant, dit Geneviève.

Il y avait longtemps que Geneviève n'avait dit ce mot si doux à dire pour les mères : « Mon enfant ! » car elle était toujours entourée des gens du château ; il lui fallait sans cesse masquer son cœur.

— Oh ! mon enfant, reprit-elle.

Et elle le couvrit de baisers. Après quoi, elle

retomba presque inanimée sur l'oreiller, mais sans abandonner la main du petit garçon, qui ne criait plus et qui la regardait avec des yeux obscurcis par les larmes.

XII

LE DERNIER POINT D'INTERROGATION

Cependant, dès qu'Horace fut sorti de la chambre, il regretta d'avoir été si cruel : puisqu'il était venu à la Ferté, il ne devait avoir sur les lèvres que des paroles de pardon. C'était bien mal à lui de venir troubler cette âme tournée vers Dieu. Pourquoi ce souverain égoïsme qui lui faisait croire que son honneur était plus haut placé qu'un sacrement de l'Église? Aussi revint-il sur ses pas.

Il rentra dans la chambre au moment où Geneviève donnait à son enfant tout ce qui restait d'amour dans son cœur.

Tel était l'empire de la dignité de race, de l'offense personnelle, de la révolte du sang, qu'il reprit encore son accent de colère quand il revint au lit de la mourante.

— En vérité, madame, est-ce pour m'outrager que vous vous obstinez à garder cet enfant dans vos bras?

Geneviève n'eut pas la force de répondre. La fermière reprit l'enfant et parla pour elle.

— Oh! monsieur Horace, ce n'est pas bien ce que vous faites là! Voyez donc comme cet enfant est joli. Ce n'est pas étonnant, on dit maintenant dans le pays qu'il vous ressemble.

— Cet enfant me ressemble !

Horace, tout emporté déjà, prit l'enfant et le jeta au pied du lit.

Geneviève poussa un cri.

Horace, furieux contre lui-même, saisit la main de Geneviève et la baisa.

— Mais tu ne comprends donc pas, lui dit-il, combien je t'aime et combien je suis blessé !

— Vous m'aimez! dit Geneviève en rouvrant ses beaux yeux tout à l'heure éteints, mais ranimés d'une flamme céleste.

— Pauvre femme! dit la fermière, on dirait déjà qu'elle revient du ciel. Allez, monsieur, il ne faut pas faire de mal à cet enfant : quand madame la comtesse vous aura tout dit, vous vous repentirez de votre injustice.

— Parlons de pardon, ne parlons pas de justice!

Et, se tournant vers sa femme :

— Geneviève, pardonne-moi. »

Ce mot alla au cœur de Geneviève bien plus que s'il eût dit : « Je vous pardonne ! »

— Vous pardonner ! murmura Geneviève.

Et reprenant un souffle de vie :

— Et maintenant, puisque je vais mourir je puis vous dire que cet enfant est votre fils. Embrassez-le.

— Mon fils ! s'écria Horace.

Il s'était penché sur Geneviève, il se releva de toute sa hauteur.

— Oui, reprit-elle ; mais ne me tuez pas d'un mot cruel, avant que je vous aie tout dit... Prenez cet enfant dans vos bras et écoutez-moi...

Horace regarda l'enfant et Geneviève tour à tour avec un sentiment indéfinissable d'amour, de jalousie, de douleur, de surprise et de doute. Il se demandait si Geneviève n'était pas tombée déjà dans le délire.

Mais cette belle figure exprimait trop l'amour pour ne pas garder encore toute la force du cœur.

La fermière avait repris Horatio dans ses bras, elle le présenta doucement à Horace.

— Quoi ! monsieur, vous n'avez pas compris qu'Horatio voulait dire Horace ? Moi je croyais que vous saviez tout et que vous ne disiez rien.

Cette fois, Horace était résigné, quoi qu'on pût lui dire.

Il se promit de ne répondre que par la douceur. Il prit donc l'enfant dans ses mains.

Le petit Horatio, qui avait toujours eu peur de son père, eut encore un mouvement d'effarement, mais comme cette fois il ne fut pas brusqué, il sourit et caressa la joue d'Horace.

— Geneviève, dit M. de la Ferté à sa femme, que vous viviez ou que vous mouriez, je vous jure d'aimer cet enfant puisqu'il est votre fils.

— Il faut l'aimer, murmura Geneviève, parce qu'il est mon fils, mais surtout parce qu'il est votre fils.

— Comme il vous plaira, dit Horace avec résignation.

Geneviève remercia son mari par un regard divin.

— Voyez-vous, murmura Élisabeth, elle voudrait bien parler, mais toutes ces émotions l'ont tuée; il faut lui laisser un instant de repos.

Geneviève leva la main et fit signe à la fermière de dire elle-même ce qu'elle n'avait pas la force de dire.

Sous une écorce de paysanne, Élisabeth était une femme qui avait gardé ou retrouvé toutes les délicatesses de la femme. Aussi fit-elle en peu de mots la confession de Geneviève bien mieux que madame de la Ferté ne l'eût faite elle-même.

Voici à peu près comment parla Élisabeth :
— Ah ! monsieur, il y a longtemps que je voulais tout vous dire, puisque madame ne prenait pas ce courage-là. — Et entraînant Horace :
— Mais, approchons-nous de la fenêtre, la pauvre malade est brisée par les émotions, il faut qu'elle se repose un instant. — On s'éloigna de quelques pas. — Avec un homme comme vous, monsieur, on n'a pas besoin de mettre les points sur les i, car vous comprenez à demi-mot. Croyez-vous que ç'a été pour son plaisir qu'une fille bien élevée comme mademoiselle d'Ormoy a suivi un jour sa sœur dans le mauvais monde ? Mais qu'est-ce que ça prouve ? On peut être avec des lépreux sans avoir la lèpre. Parce qu'un grand seigneur voulut l'épouser et lui donna des bijoux et des robes, qui vous dit que les noces aient été faites ? C'est en ce temps-là que vous l'avez

rencontrée, un soir qu'on donnait une fête chez une demoiselle Vingtans. Vous aviez trouvé une perle dans un fumier; mais vous avez eu peur du fumier.

— Oui, c'était elle! pensa Horace. Et voilà donc pourquoi je l'aimais tant!

— C'est égal, mademoiselle Geneviève était sauvée, car en vous voyant elle vous a aimé, et elle a eu l'horreur du monde où elle était. Aussi elle a tout abandonné, les robes et les bijoux, n'ayant qu'une idée, celle de vous retrouver ou de mourir en priant Dieu. Par malheur, ou plutôt par bonheur, Dieu lui a donné un enfant; elle savait d'où lui venait cet enfant, aussi l'a-t-elle appelé Horatio. (C'est que, tout en voulant lui donner votre nom, elle était en Italie quand elle l'a mis au monde.)

— Je comprends.

— Elle est revenue ici, elle savait bien qu'elle pouvait compter sur moi. Nous avons élevé l'enfant. Vous êtes revenu aussi. Je lui conseillais de tout confesser; mais elle disait sans cesse : « Vous ne comprenez pas, Élisa-
« beth, que si je lui dis qu'il est le père de cet
« enfant, ce sera lui avouer que j'ai été cette
« courtisane qu'il a connue chez mademoiselle

« Vingtans! » Voyez-vous, monsieur, elle avait l'âme si pure qu'elle ne voulait pas vous rappeler cette fatale et pourtant heureuse rencontre. Elle disait que vous ne lui pardonneriez pas, et elle avait raison, puisqu'elle mourra peut-être de votre séparation.

Quand la fermière se tut, Horace lui demanda tout bas ce que disait le médecin.

Elle lui répondit par un triste signe de tête. Mais, voulant que la malade reprit espoir, elle dit tout haut : « Le médecin n'était pas trop mécontent ce matin. »

Élisabeth pleurait, Horace embrassait l'enfant.

— Je crois qu'elle dort, reprit la fermière.

— Comment est-elle devenue si malade ?

— Vous le demandez, monsieur? Mais si vous n'étiez pas venu, elle allait mourir de son secret. Ah! vous n'avez pas été généreux.

— Pourquoi n'a-t-elle pas parlé ?

— Vous n'auriez peut-être pas compris qu'on peut aller dans la mauvaise compagnie sans se perdre. Et puis, qui est-ce qui sait s'il y a eu d'autres amants avant vous ?

Horace ne put réprimer une expression d'amère raillerie.

— Et quand même il y en aurait eu ! reprit la fermière.

— Après tout, se dit-il à lui-même, cela n'est pourtant pas impossible. La figure n'a-t-elle pas conservé la pureté la plus idéale ? Et puis, mon cœur ne se serait pas pris ainsi à une fille perdue !

Tel est l'orgueil humain, cherchant toujours des illusions, même quand il s'humilie.

Horace se rapprocha du lit et demanda à Geneviève, tout en lui présentant Horatio :

— Geneviève, pardonnez-moi encore, mais faites-moi une joie suprême : dites-moi que vous n'avez jamais été qu'à moi.

Geneviève ne répondit pas.

— Geneviève, répondez-moi pour l'amour de Dieu et de notre enfant.

Geneviève ne répondit pas.

Élisabeth saisit la main de Geneviève :

— Voyons, madame, un mot !

Geneviève ne répondit pas.

— Oh ! mon Dieu ! s'écria Horace, elle est morte !

XIII

AINSI VA LE MONDE

A l'heure même — c'était à sept heures et demie du soir — où mourait Geneviève d'Ormoy, je veux dire madame la comtesse Horace de la Ferté, M. le comte d'Angerville, qui aimait la villégiature et qui avait emmené en Normandie quelques demoiselles à la mode et quelques gentilshommes du turf, présidait un diner fort bruyant, où tout le monde croyait avoir de l'esprit parce que tout le monde parlait à la fois.

« Si nous ne parlions que quatre à la fois ! » disait autrefois un académicien qui croyait qu'on ne s'entendait pas à l'Académie. Ce jour-là, au château d'Angerville, on ne parlait que huit à la fois — et sur ces huit, il y avait huit femmes qui donnaient de la gueule, suivant l'expression de mademoiselle Vingtans.

Donc, sous prétexte de villégiature, M. d'Angerville avait emmené avec mademoiselle Vingtans :

1° Mademoiselle Théodule, ci-devant cuisinière de mademoiselle Vingtans, plus tard femme de chambre de mademoiselle d'Or, aujourd'hui maîtresse en titre de M. d'Angerville ;

2° Mademoiselle Zélie Marteau, surnommée *la Cigale*, qui chantait et dansait pendant la belle saison, sauf à mourir de faim quand viendrait la bise. C'était peut-être la plus sage d'entre toutes ;

3° La Roche-Tarpéienne, une femme indispensable, qui était de toutes les fêtes, à Paris et en province, parce que, selon son expression, elle accoquinait les gens ;

4° Mademoiselle de Vertpré la cadette, qui, après avoir couru les plus hautes aventures, n'était plus qu'une courtisane du second degré parce que la faim fait sortir le loup hors du bois ;

5° Trois autres drôlesses parlant le français des vaches espagnoles, de celles qui ne sont pas fâchées de prendre le vert en Normandie ou ailleurs.

On avait chassé dans le parc. C'était mademoiselle Théodule qui avait eu les honneurs de la chasse dans un adorable costume de chasseresse style Du Barry. Cette fille devait arriver à tout.

Le maître de la maison ne s'était jamais vu si heureux. On avait beau lui rappeler par quelques malices de la conversation l'origine de sa maîtresse, il s'y incarnait d'autant plus en se disant : « C'est mon œuvre : de rien j'ai fait quelque chose. » La vérité, c'est que la ci-devant cuisinière était devenue la plus jolie des courtisanes, avec ses deux grains de beauté.

Au milieu du tapage du dîner, la Cigale dit à un prince russe :

— Comment! monseigneur, il y a quinze jours que vous êtes à Paris, et vous ne m'avez pas encore dit que vous m'aimiez ?

— Madame, répondit le prince, votre monseigneur me va au cœur, mais il y a trois choses, selon M. La Rochefoucauld, qu'il ne faut pas regarder en face : le soleil, la mort et une Parisienne vertueuse.

— Qu'est-ce que c'est que cela, La Rochefoucauld ? demanda la Cigale.

— Comment, vous ne connaissez pas les *Maximes* de La Rochefoucauld ?

— Attendez donc : Maxime de La Rochefoucauld, il a été mon amant !

La Roche-Tarpéienne exprimait son opinion ; selon elle, car elle avait de la littérature, les femmes aiment l'amour comme Pénélope aimait sa toile : elles font un ouvrage inutile afin de le recommencer toujours.

Elle disait encore ceci :

— Les femmes sont un point d'interrogation devant lequel tous les imbéciles posent un point d'admiration.

M. d'Angerville reprochait à mademoiselle Théodule de donner trop dans la prodigalité.

— Moi, dit-elle d'un air étonné, je ne donne que dans la prodigalité des hommes.

De fil en aiguille, on en vint à parler des mésaventures d'Horace de la Ferté. M. d'Angerville se moqua de lui, sous prétexte qu'il avait épousé sa maîtresse *sans le savoir*.

Mademoiselle Vingtans, qui n'était pas bête, lui dit :

— Mon cher ami, il ne faut jamais rire du pauvre monde ; j'en connais qui épouseront une cuisinière sur leurs vieux jours, sous prétexte qu'ils n'auront pas voulu se marier dans le bon temps avec leur maîtresse.

On se dit tout bas que mademoiselle Théodule, maîtresse de M. d'Angerville, avait été la cuisinière de mademoiselle Vingtans avant d'être femme de chambre de Geneviève d'Or.

Il y avait à ce festin un taciturne qui ne disait pas un mot.

C'était M. Achille Delorme, qui pleurait tout à la fois la baronne d'Ormoy et son demi-million ; deux choses ensevelies dans un « temporaire » au cimetière de Montmartre.

La Roche-Tarpéienne lui dit tout à coup :

— Allons, mon ami, cela ne vaut pas un *De profundis !* Songez que vous avez encore plus d'un million à manger, quand vous aurez mis au tombeau père et mère. Vous avez mangé cinq cent mille francs avec une vieille femme, vous en mangerez deux fois autant avec une jeune. *La Cigale* vous tape dans l'œil, prenez donc *la Cigale*.

La Cigale était destinée à achever Achille Delorme, tout en réservant un pourboire à la Roche-Tarpéienne.

— C'est dommage, dit mademoiselle Vingt-ans quand on prit le café ; *la Cigale* va s'éterniser avec ce jeune homme, moi je l'aurais troussé en une saison.

XIV

LA FLEUR DE LA MORT

Deux jours après, Horace, que le chagrin avait ravagé, conduisait Geneviève au cimetière d'Ormoy. Il lui avait semblé que l'âme de Geneviève lui serait reconnaissante d'avoir mis ce qui restait d'elle dans ce cimetière où leur amour était né comme une fleur de la Mort.

C'étaient les plus touchantes funérailles qu'on eût jamais vues dans le pays.

Le cercueil, porté par huit serviteurs du château, était couvert de roses blanches; toutes les jeunes filles d'Ormoy, de Marville, de la Ferté, vêtues de robes blanches, portaient des bouquets de fleurs rustiques.

Comme on était dans la saison de la villégiature, il y avait beaucoup de beau monde. C'était l'archevêque d'Amiens qui officiait; quand il descendit de son coupé à quelques pas du cimetière, car la messe mortuaire avait été dite à la Ferté, Horace, qui avait suivi à pied, demanda son fils, qui était sur les bras de la fermière.

Il l'embrassa en se tournant vers les assistants, pour dire à tout le monde que le fils de Geneviève était son fils.

Puis, le posant doucement à terre, il lui donna la main pour que l'enfant marchât avec lui jusqu'à la chapelle.

Horatio pleurait et demandait sa mère. Horace ne pleurait pas et ne parlait pas. Il était effrayant par sa pâleur, ses traits contractés, ses yeux fixes, cerclés de noir.

Frédéric Orvins l'accompagnait. Quand tout fut fini, il voulut lui parler.

— Chut! lui dit Horace, je ne suis plus de ce monde.

Il resta plus d'une heure dans le cimetière.

Non pas tout seul, car M. d'Ormoy pleurait caché sous un cyprès, et Martha pleurait sous le grand saule qui masque le monument des d'Ormoy.

. . . .

Pendant tout l'automne — pendant tout l'hiver — car il n'est pas encore revenu à Paris, — on a rencontré Horace sur le chemin vert de la Ferté à Ormoy, tantôt seul, tantôt avec Horatio, errant comme une âme en peine, s'arrêtant à la tombe bien-aimée, les mains pleines de fleurs et les yeux pleins de larmes. C'est la plus éloquente des douleurs, car il n'a pas encore parlé de Geneviève.

Il n'a dit que ce seul mot à sa tante :

— Quand je pense que le bonheur était ici et que je l'ai enterré à Ormoy.

— Oui, oui, a murmuré madame de la Ferté, tu as eu l'entêtement de la dignité ! C'était bien la peine que Jésus-Christ recueillit les larmes de celles qui pleurent.

XV

LA VERTU DE LA MORT

Un jour qu'Horace feuilletait et refeuilletait les papiers de sa femme comme pour y retrouver un rayon et un parfun de cette âme adorable, il a découvert ces lignes écrites par elle :

« *La Mort m'est douce et cruelle : cruelle, parce qu'elle me séparera d'Horace; douce, parce que, seule, elle peut me réhabiliter. Le linceul est blanc comme la neige.*

« GENEVIÈVE. »

. . . .
. . . .
. . . .

Un moraliste contemporain a dit:

« Dieu ne pardonne pas, mais il oublie,

tandis que les hommes pardonnent, mais n'oublient pas. »

Ces belles paroles devraient être inscrites dans le cœur de toutes les mères et de toutes les filles.

FIN

TABLE DES MATIÈRES

LIVRE PREMIER
GENEVIÈVE D'ORMOY

	Pages
I. Désolations et consolations.............	5
II. La porte du cimetière...................	15
III. Un homme qui ne fait rien pour ne pas faire de sottises......................	20

LIVRE II
GENEVIÈVE D'OR

I. Le chemin des passions.................	25
II. Ces demoiselles de Vertpré........	33
III. Un duel mystérieux....................	44
IV. Mademoiselle Vingtans.................	49
V. Celui qu'on n'attend pas...............	57
VI. Un souper chez mademoiselle Vingtans..	62
VII. Une poignée d'or mal placée............	68

VIII. Ce qu'on fait de l'argent des pauvres...... 72
IX. Un chien dans un jeu de quilles. 75
X. Une cigale sur le pavé de Paris.......... 81
XI. Les désespoirs d'une amoureuse......... 89
XII. Le chapitre des lettres................... 96
XIII. Les robes de Geneviève................ 109
XIV. Un auto-da-fé........................ 114
XV. Ce que M. de la Ferté trouva dans la robe
    de chambre de Geneviève............. 125

LIVRE III

LES AMOURS RUSTIQUES D'UN MONDAIN ET D'UNE MONDAINE

I. Où Geneviève d'Or redevient Geneviève
   d'Ormoy............................. 131
II. La porte du Paradis. 140
III. Un tableau de la vie de M. et madame
    Delorme, sucriers et châtelains........ 154
IV. Confession de Geneviève................ 160
V. Le filleul de Geneviève.................. 170
VI. Souvenirs de Daphnis et Chloé.......... 177
VII. Et quand le merle eut sifflé............. 184
VIII. La légende............................ 191
IX. Où reparaît Geneviève d'Or............. 195
X. Second duel mystérieux................. 204
XI. Troisième duel mystérieux. La pomme et
    le serpent........................... 204
XII. Quatrième duel mystérieux............. 217

XIII. Un adieu............................ 221
XIV. Plus on se fuit, plus on se retrouve...... 230

LIVRE IV

LE MASQUE TOMBE

I. Horatio............................. 241
II. Mademoiselle Théodule aux bains de mer. 250
III. Où mademoiselle Vingtans revient sur la scène................................ 250
IV. Le secret de la comédie................. 266
V. Un homme qui suit sa femme........... 274
VI. L'Adieu............................. 289
VII. Martha............................. 293
VIII. Histoire d'une pauvre femme.......... 307
IX. Sacrifice perdu...................... 310
X. Le chien de la maison................. 317
XI. Mieux vaut jamais que tard........... 324
XII. Le dernier point d'interrogation........ 333
XIII. Ainsi va le monde................... 341
XIV. La fleur de la Mort.................. 346
XV. La vertu de la Mort................. 349

Imprimerie du Progrès. — Planteau, 7, rue du Bois, Asnières.

BIBLIOTHÈQUE NATIONALE

CHÂTEAU
de
SABLÉ
1986

www.ingramcontent.com/pod-product-compliance
Lightning Source LLC
Chambersburg PA
CBHW050748170426
43202CB00013B/2336